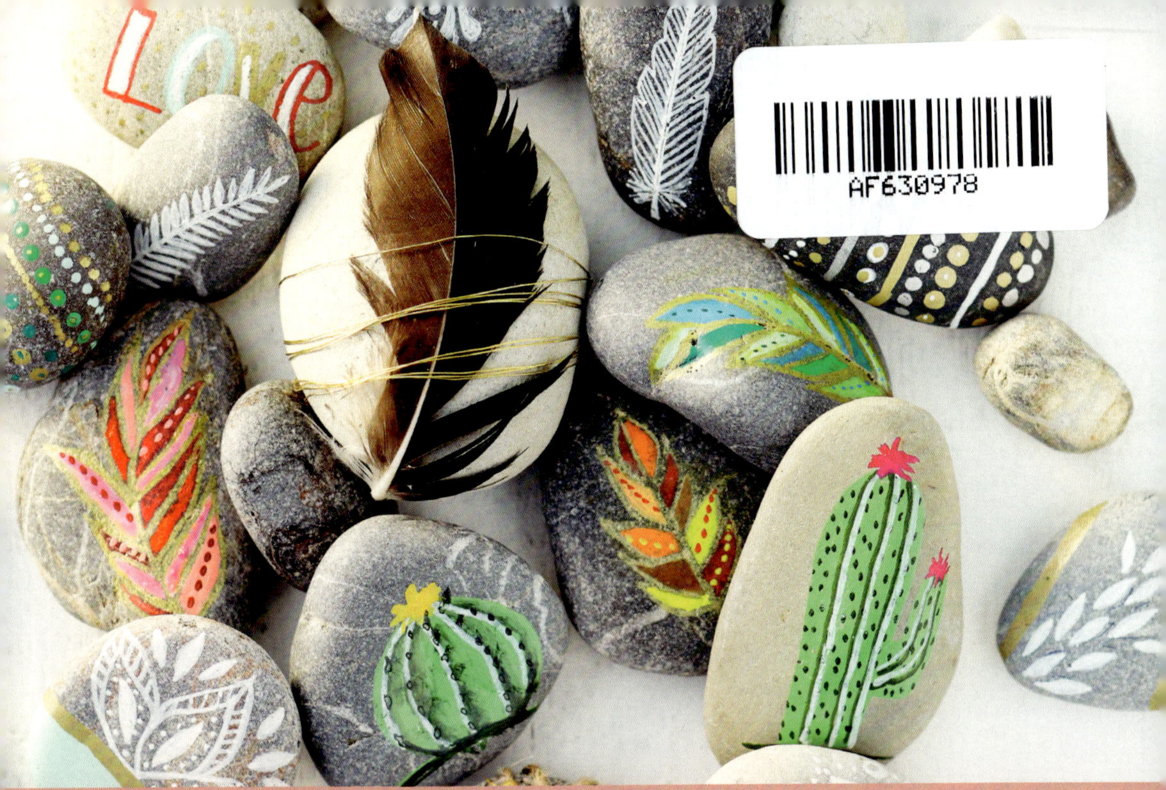

Inhaltsverzeichnis

Einleitung

Material

Sie liegen am Straßenrand, im Feld, am Strand und im Wasser. Steine. Sie werden von vielen kaum beachtet, dabei sind sie ein tolles kreatives Rohmaterial. Denn wenn man diese verziert, strahlen sie um die Wette.
Für den trendigen Boho Stil können Sie außer mit den Steinen selbst auch mit anderen Materialien aus der Natur arbeiten und diese damit verzieren.

Was Sie sonst noch brauchen:

glatte Steine
Federn
Kordeln
feinen Dekodraht
Heißklebepistole
Siegel
Siegelwachs
Aluminiumdraht

Die Stifte

Die Acrylstifte sind mit flüssiger Farbe gefüllt. Wenn Sie neue Stifte benutzen, muss der Stift erst geschüttelt werden. Dann drücken Sie mehrmals mit der Spitze auf ein Blatt Papier, damit die Farbe in die Spitze gepumpt wird.

Die Stifte haben zwei verschiedene Spitzen, eine runde und eine feine abgeschrägte Spitze. Um diese zu wechseln ziehen Sie sie einfach mit einer Schere oder einer Zange aus dem Stift heraus und drehen Sie die Spitze um.
Die Stifte sind nach dem Trocknen wasserfest.

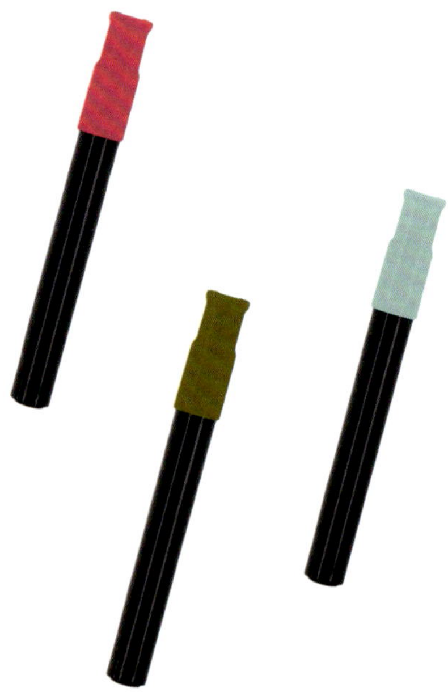

Die Steine

Reinigen Sie die Steine mit klarem Wasser und wenn nötig mit einer Bürste. Lassen Sie diese gut trocknen. So halten die Farbe und andere Materialien viel besser.

Wenn Sie unsicher sind, ob sie das vorgeschlagene Motiv genau nachmalen können, probieren Sie es zuerst auf einem Stück Papier aus. Somit bekommen Sie ein besseres Gefühl für die Stifte.

Lassen Sie Ihrer Kreativität freien Lauf und experimentieren Sie mit Farben und Formen. Wenn Ihnen ein Stein nicht so gelingt wie gewollt, nehmen Sie sich den nächsten vor. Steine gehen nie aus.
Außerdem ist der Boho Stil frei von festen Regeln. „Free Spirit“ ist unser Leitsatz. Lassen Sie sich darauf ein. Machen Sie es sich gemütlich und gestalten Sie aus dem Bauch heraus. Denn Kreativität kann sich nur entfalten, wenn man weiß, dass das Endergebnis niemals misslingt.

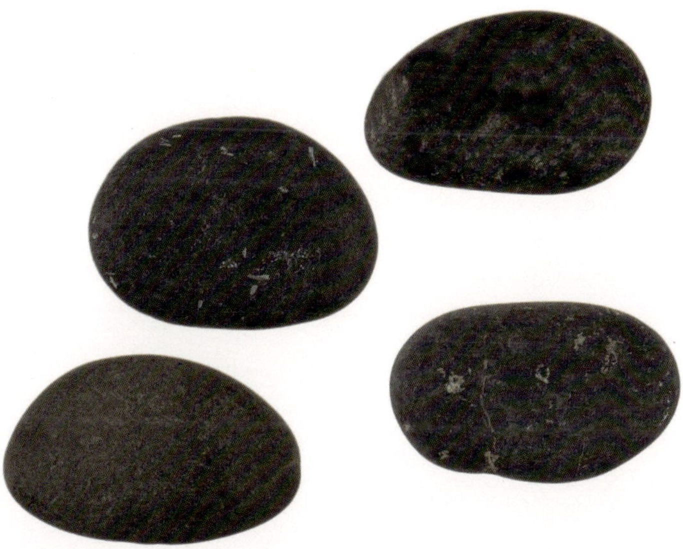

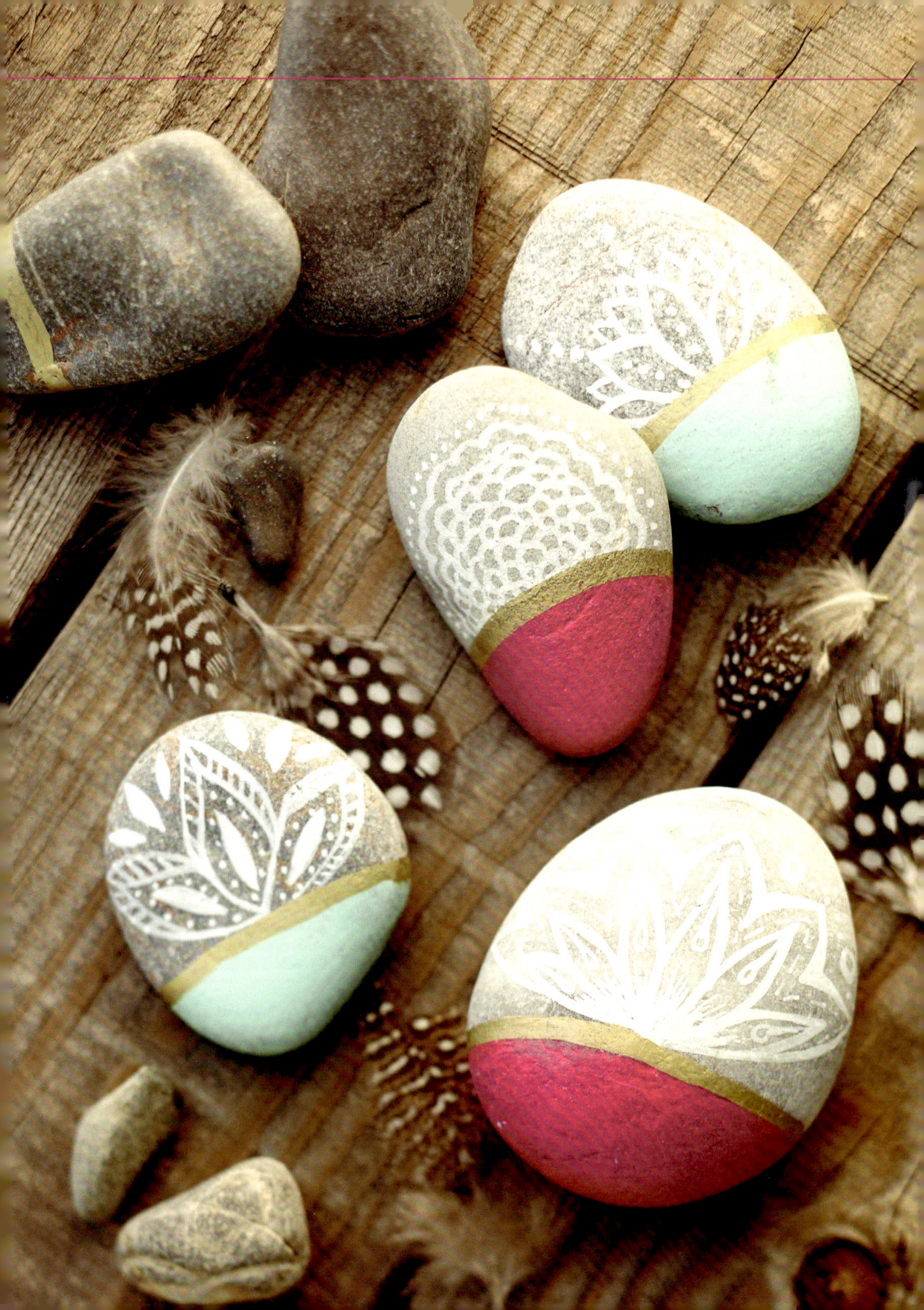

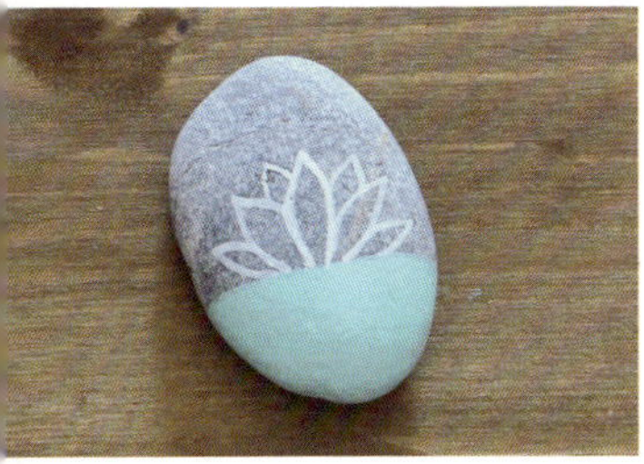

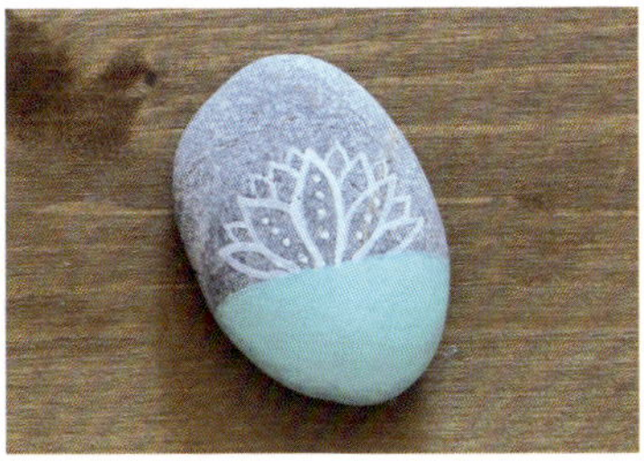

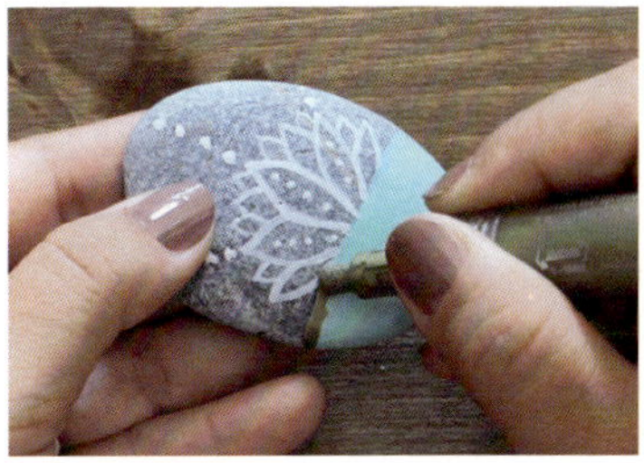

Zarte Lotusblüten

edel und verspielt

MATERIAL

Acrylstifte in Weiß, Gold, Rot und Türkis

Steine

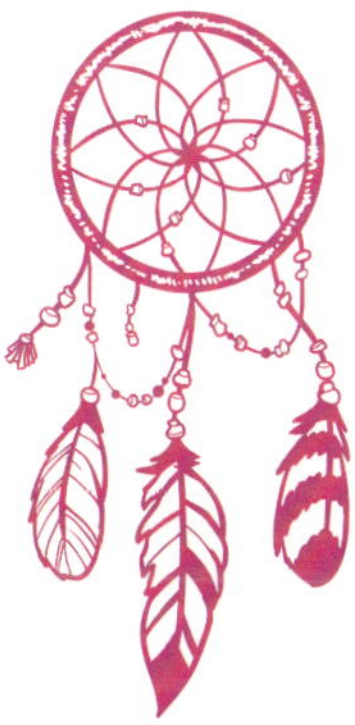

1 Bemalen Sie ein Drittel des Steins mit der breiten Spitze des Stifts in Rot oder Türkis. Achten Sie darauf, dass auch die Seiten bemalt sind.

2 Zeichnen Sie im Halbkreis mit dem weißen Stift (schmale Spitze) eine Blume mit spitzen Blättern, beginnend an der Farbfläche. Starten Sie mit der mittleren Blüte. Je nach Größe des Steins sollten es fünf bis sieben Blüten sein, also eine ungerade Anzahl. Zeichnen Sie kleinere, spitze Blüten zwischen die großen Blüten und weitere in alle neu entstandenen Zwischenräume.

3 Malen Sie nun drei bis fünf Punkte (je nach Größe des Steins) längs in die Innenflächen der ersten großen Blüten ein.

4 Zeichnen Sie ab der Spitze der großen Blüten Punkte bis zum Rand des Steins ein. Zum Schluss mit der breiten Spitze eines goldenen Stiftes eine Linie zwischen Farbfeld und Blüte malen.

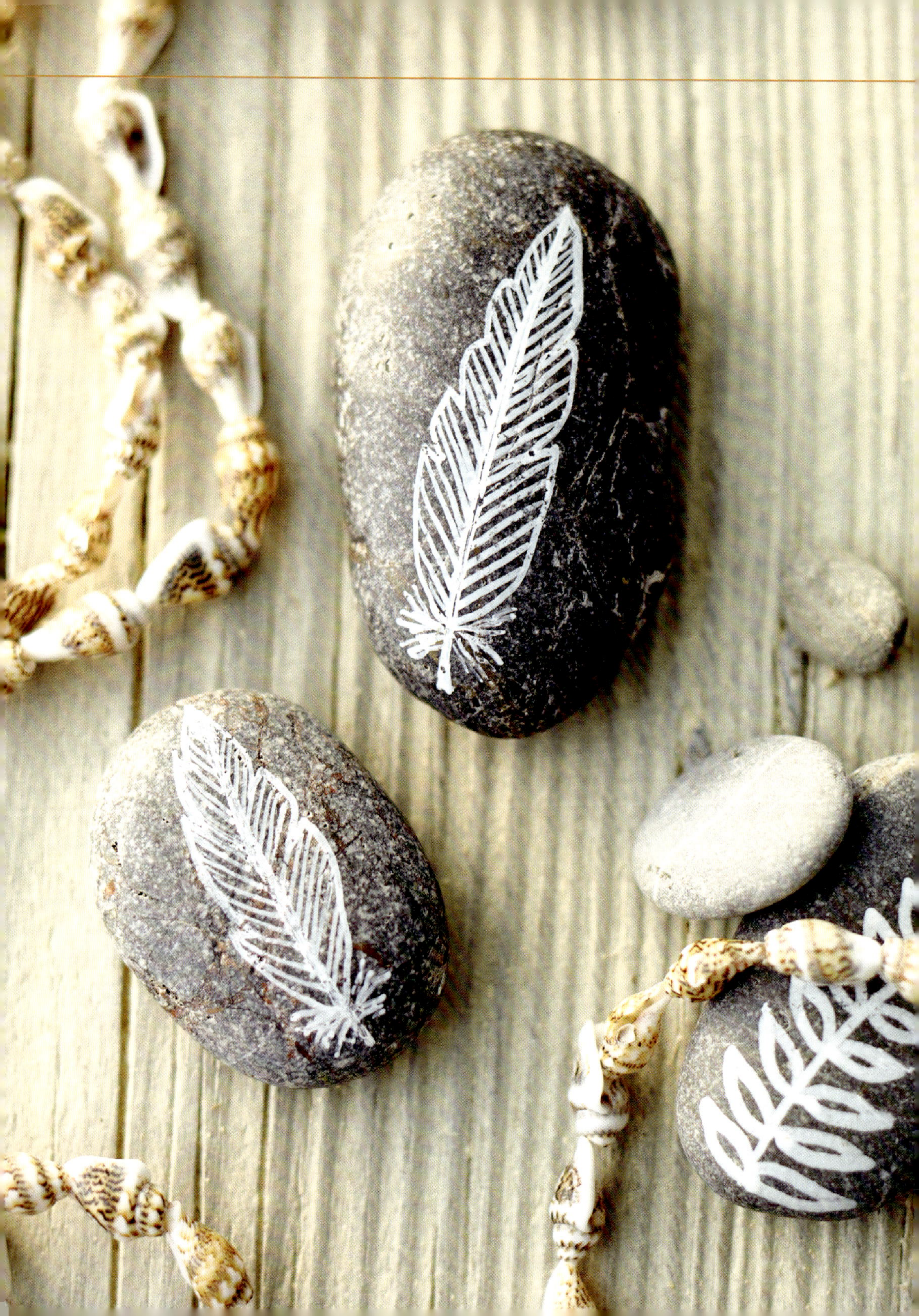

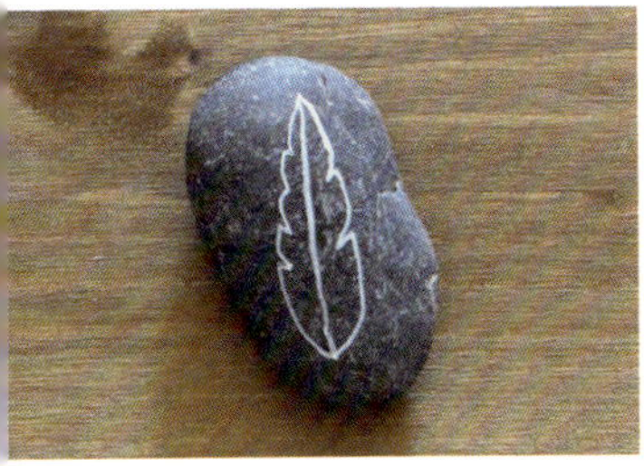
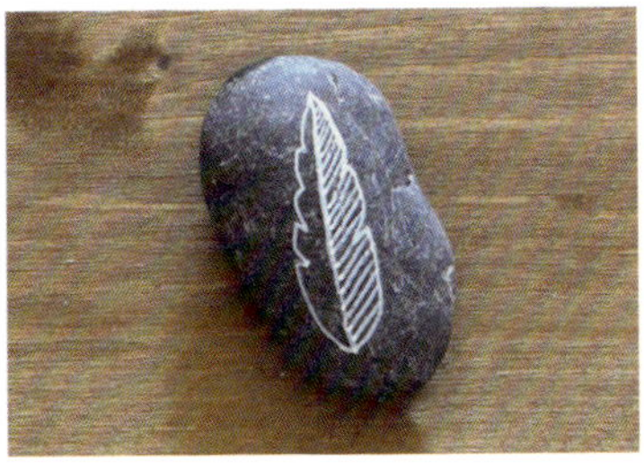
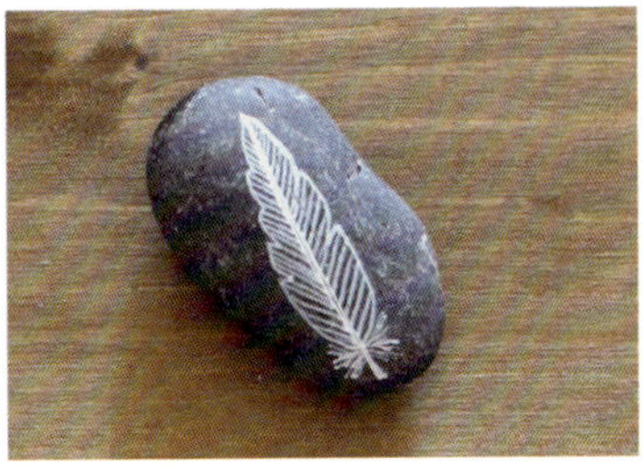

Feine Boho-Federn

zart und filigran

MATERIAL
- Acrylstifte in Weiß
- Steine

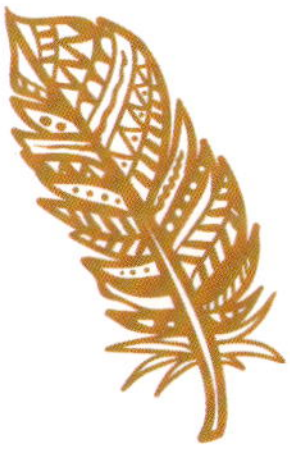

Feine Linien und schlichte Zeichnungen verleihen dem Stein eine elegante Leichtigkeit.

1 Zeichnen Sie mit der feinen Spitze eine Linie längs in der Mitte des Steins.

2 Zeichnen Sie auf der rechten Seite der Linie die Form einer Feder mit kleinen Einkerbungen am Rand. Wiederholen Sie dies auf der linken Seite.

3 Zeichnen Sie nun in ca. 2 mm Abstand parallele, diagonale Linien ab der Mittellinie bis zum Rand der vorgezeichneten Federform.

4 Zeichnen Sie am unteren Rand der Mittellinie mehrere feine, unterschiedlich lange Linien in verschiedene Richtungen. Verstärken Sie die Mittellinie, indem Sie den Strich nochmal nachziehen.

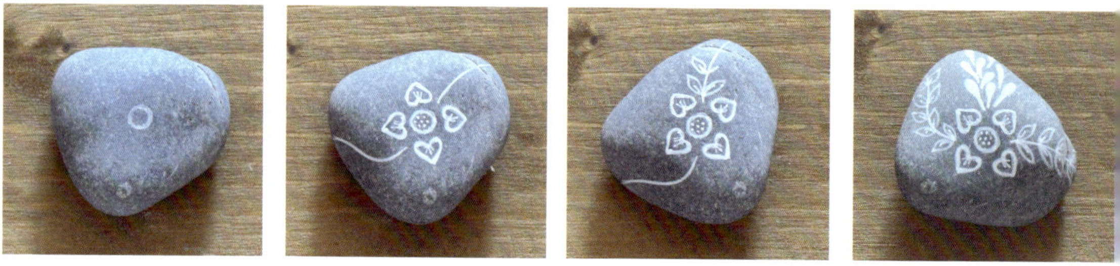

Verspielte Blätter

mit Liebe gemacht

MATERIAL

Acrylstifte in Weiß

Steine

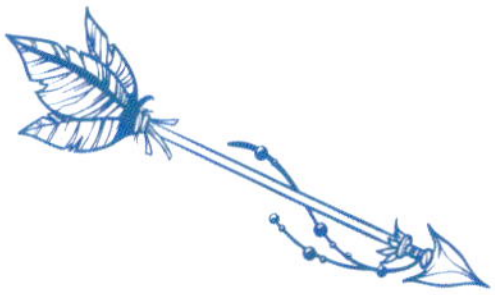

1 Bei diesem Modell wird mit der dünnen Spitze des Stiftes gearbeitet. Zeichnen Sie in die Mitte des Steins einen kleinen Kreis mit ca. 5 mm Durchmesser.

2 Zeichnen Sie vier Herzen kreuzförmig um den Kreis herum und malen Sie drei feine Linien in jedes Herz.

3 Zeichnen Sie zwei geschwungene feine Linien ab der Mitte bis zum Rand ein. Lassen Sie etwas Abstand zum mittleren Kreis.

4 Zeichnen Sie Blätter an die Linie, je mit einem Mittelstrich im Blatt.

5 Zeichnen Sie auf den freien Flächen des Steins längliche Tropfen, mit der Spitze zum mittleren Kreis, sowie bis zum Rand des Steins und malen die Tropfen aus.

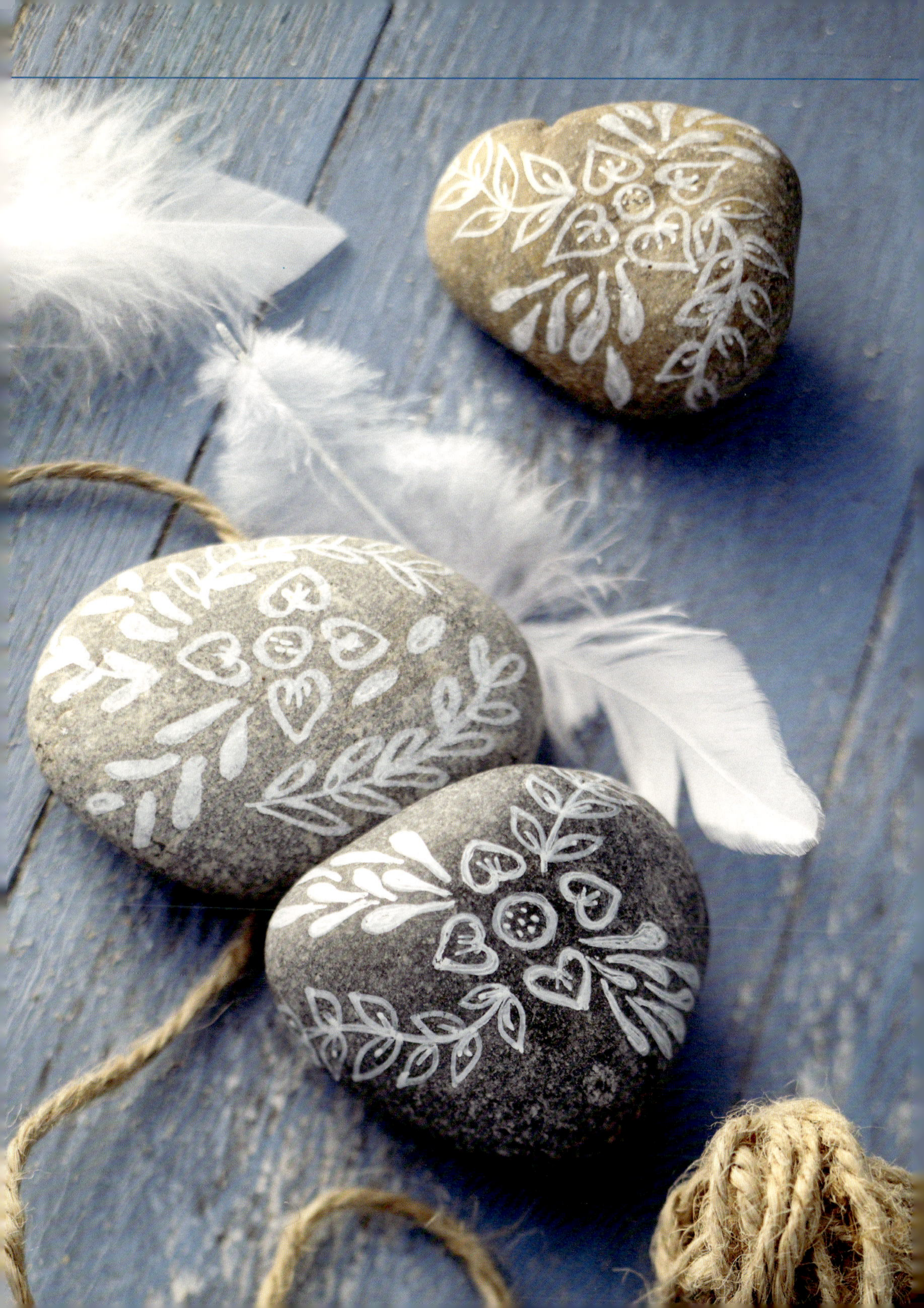

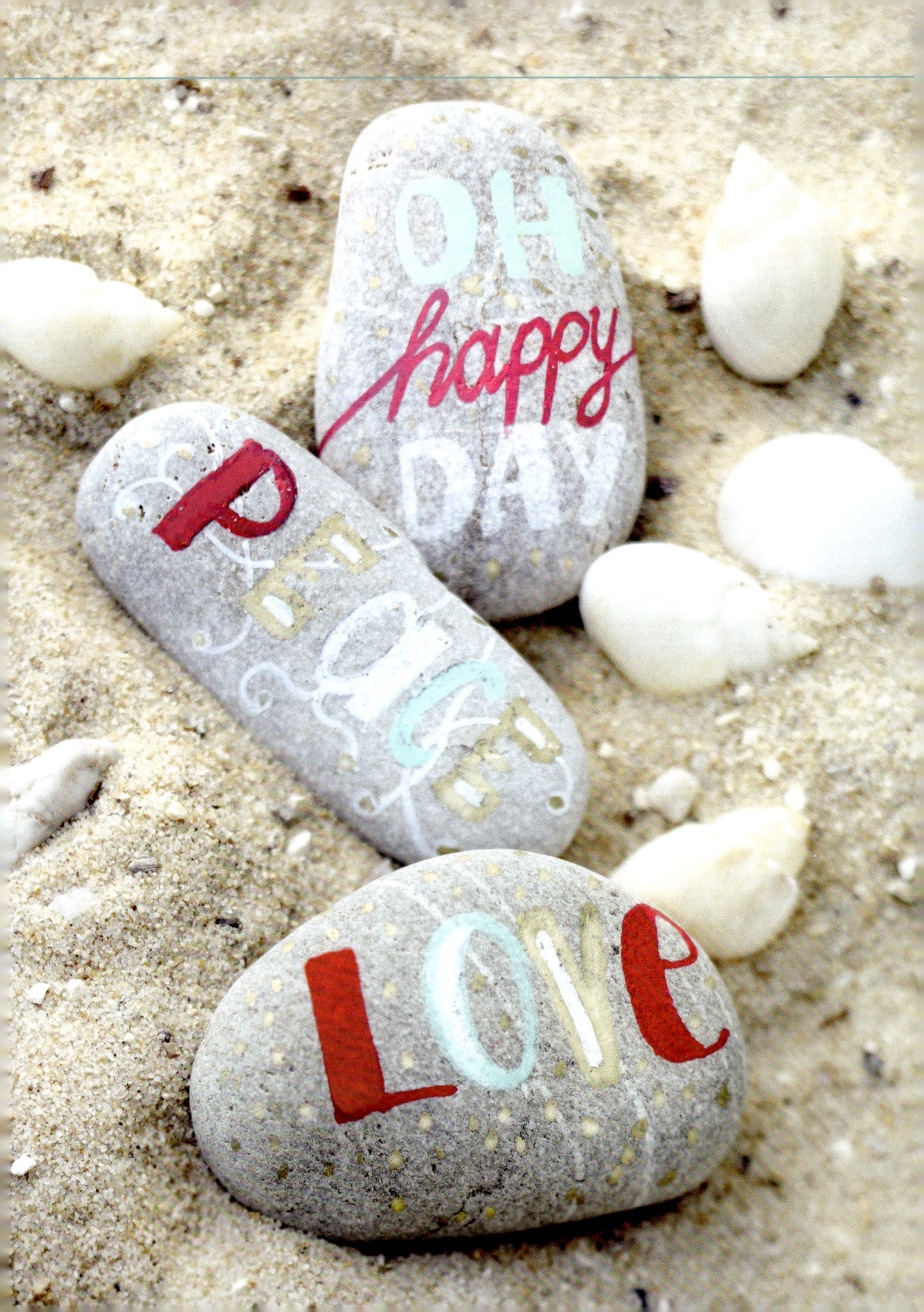
OH
happy
DAY
Peace
Love

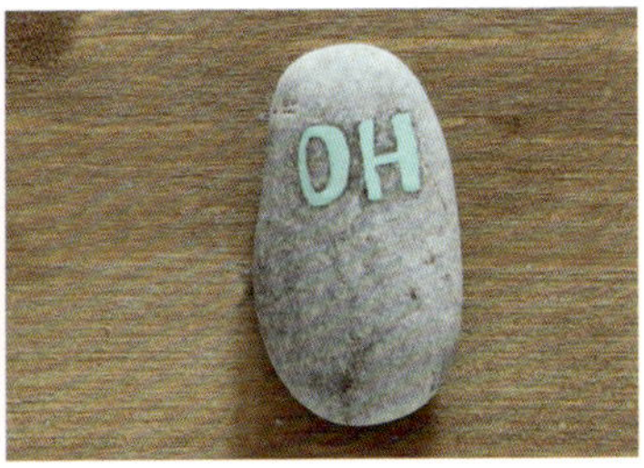

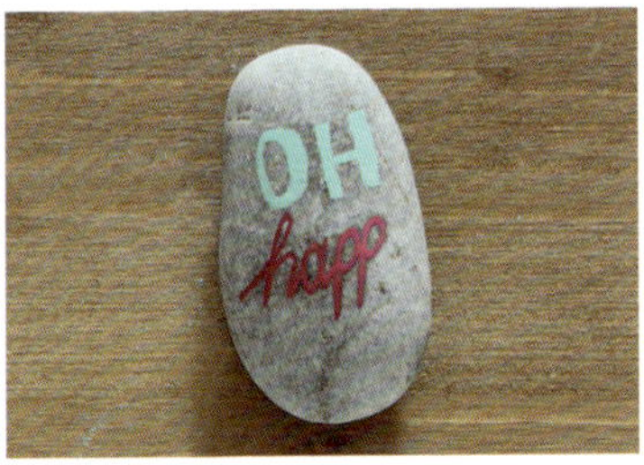

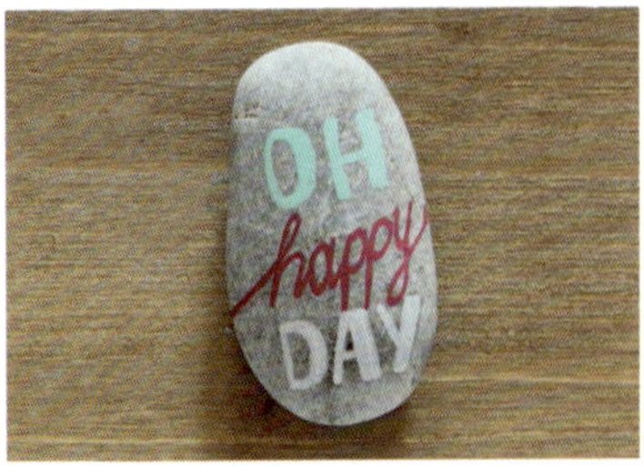

Fröhliche Botschaften

zum Verschenken

MATERIAL

Acrylstifte in Weiß, Rot, Türkis und Gold

Steine

Steine mit motivierenden Sprüchen eignen sich toll als selbstgemachtes Geschenk. Achten Sie darauf, dass der Stein groß genug ist, wenn Sie längere Sprüche schreiben möchten. Arbeiten Sie hier mit der schmalen Spitze.

1 Zeichnen Sie mit Türkis die Buchstaben „O“ und „H“ in Druckschrift und malen Sie die rechte Seite der Buchstaben etwas breiter als die linke.

2 Zeichnen Sie in Rot direkt unter das Wort „Oh“ das Wort „happy“. Setzen Sie nach jedem Buchstaben kurz den Stift ab.

3 Zeichnen Sie in Weiß direkt unter das Wort „happy“ das Wort „Day“ in Druckschrift. Schreiben Sie auch hier die rechte Seite der Buchstaben etwas breiter.

4 Zeichnen Sie mit Gold Punkte um die Buchstaben herum.

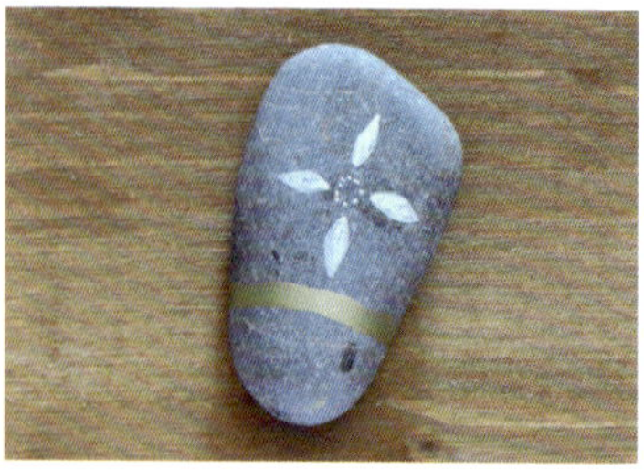
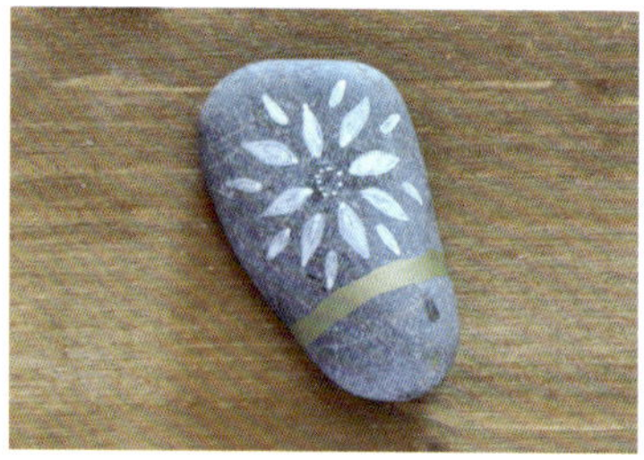
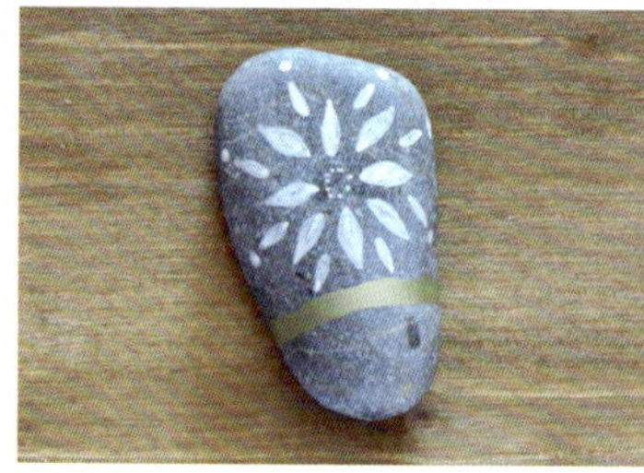

Zarte Blüten

mit goldenem Akzent

MATERIAL

Acrylstifte in Weiß und Gold

Steine

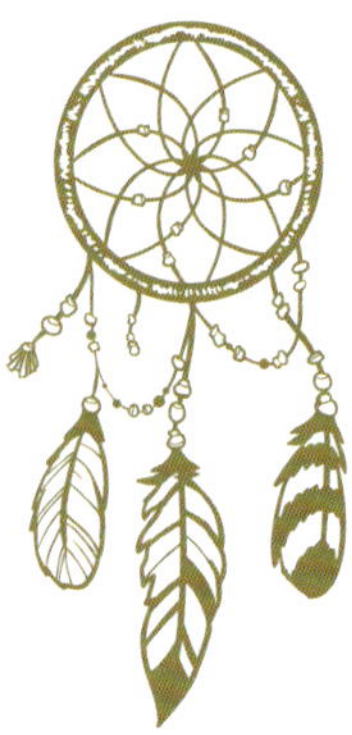

1 Zeichnen Sie mit dem goldenen Stift (breite Spitze) eine Linie bei ca. einem Drittel des Steins.

2 Zeichnen Sie in die Mitte der größeren Fläche einen gepunkteten weißen Kreis mit der schmalen Spitze. Dieser ist das Zentrum, von dem aus Sie die weiteren Elemente zeichnen.

3 Zeichnen Sie vier linsenförmige Blätter kreuzförmig um den Kreis.

4 Zeichnen Sie nun zwischen die vier Blätter weitere Blätter und in die so entstandenen Zwischenräume acht kleine Blätter.

5 Zeichnen Sie am Ende der kleinen Blätter mit minimalem Abstand Punkte ein.

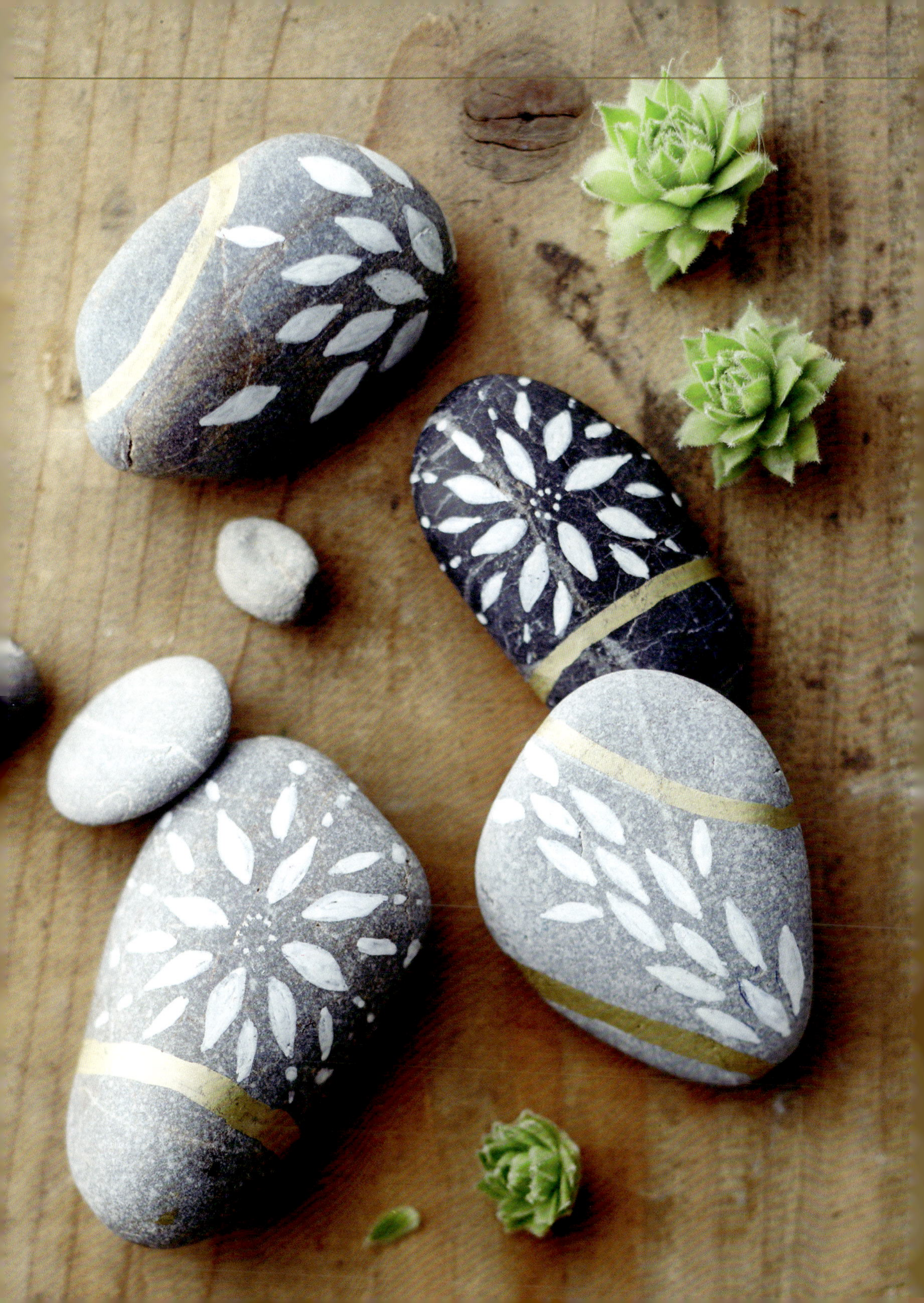

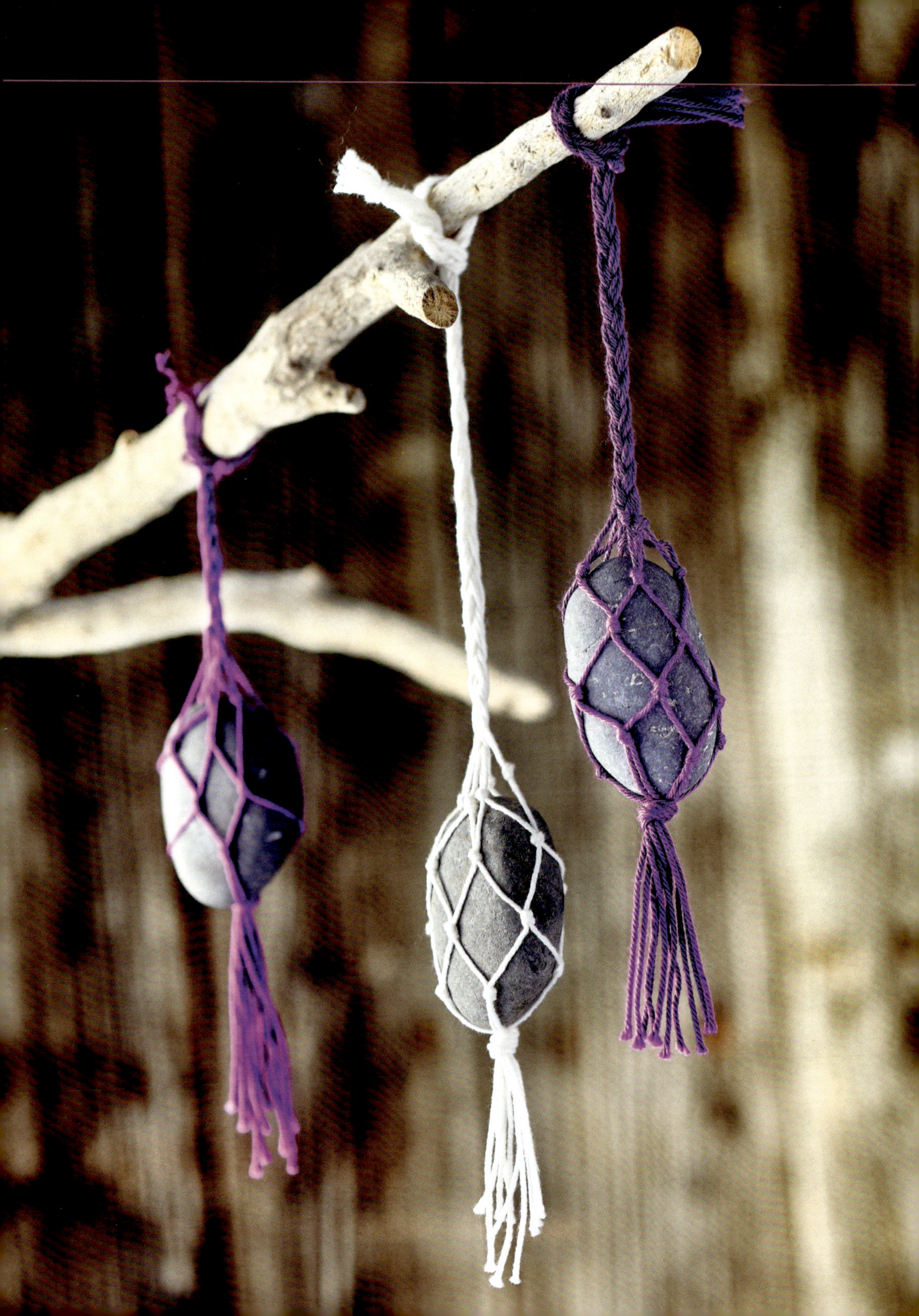

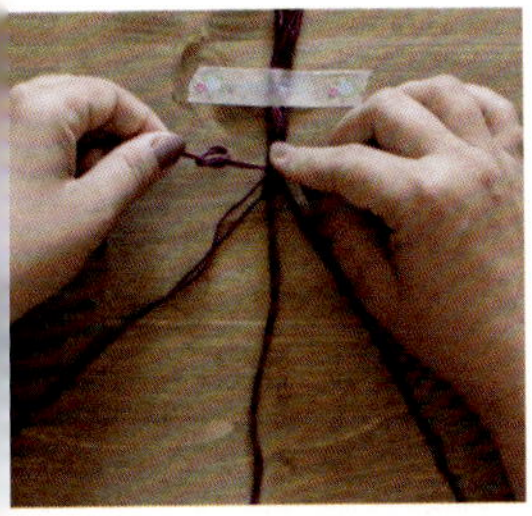
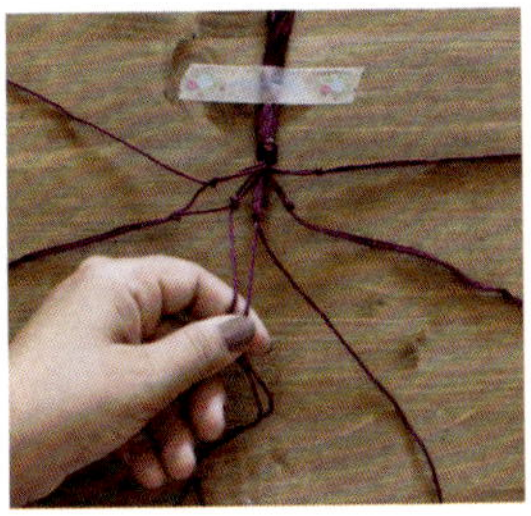
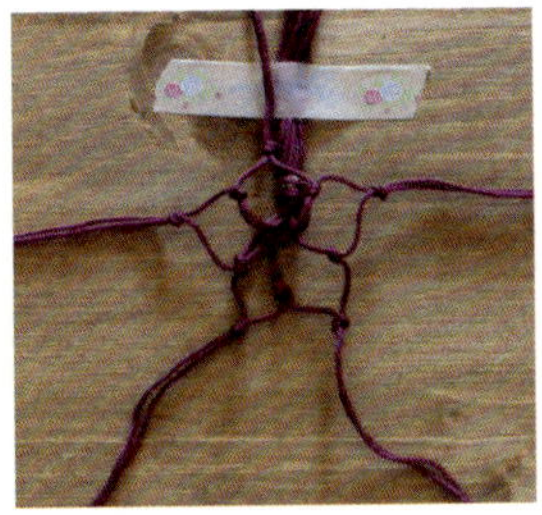
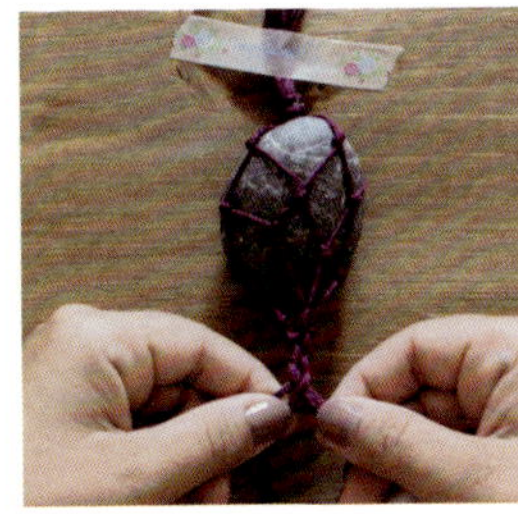

Verträumte Makramee – Deko

zum Aufhängen

MATERIAL

- Kordel
- Schere
- Klebeband
- Steine

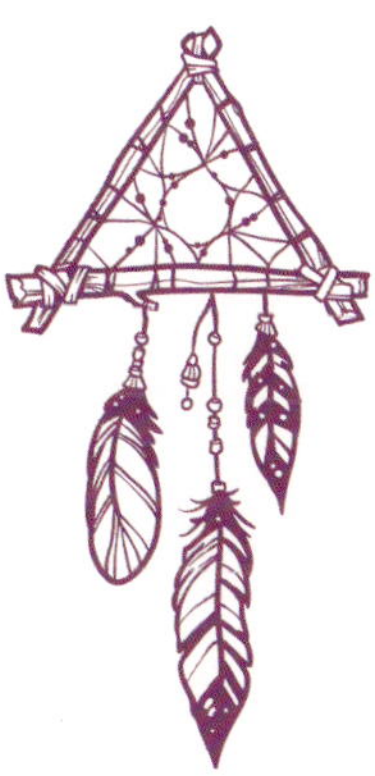

Es gibt unzählige Knoten um Makramee zu binden. Schon mit ganz einfachen Knoten können Sie tolle Steine zum Aufhängen anfertigen. Variieren Sie die Farben der Schnüre oder malen Sie die Steine bunt an. Am schönsten sehen die Steine im Netz aus, wenn sie in verschiedenen Höhen an ein Treibholz gehängt werden. Eine wundervolle Wanddekoration.

1 Schneiden Sie zehn Kordelstücke auf ca. 60 cm Länge zu und verknoten Sie diese mit einem Abstand von ca. 5 cm zu einem Ende. Kleben Sie nun die Kordel mit einem Klebestreifen an Ihre Arbeitsfläche. Teilen Sie die Kordeln in insgesamt fünf Paare ein.

2 Verknoten Sie jedes Paar ca. 3 cm unterhalb des Ausgangsknotens zusammen.

3 Teilen Sie nun die vorherigen Paare und verknoten jeweils eine Kordel von einem Paar mit einer Kordel des benachbarten Paars (ca. 3 cm Abstand).

4 Nachdem Sie Schritt 3 mit allen Paaren durchgeführt haben, sollten Sie die erste Reihe des Netzes verknotet haben, die ausgebreitet an eine Blume erinnert.

5 Legen Sie nun Ihren Stein ins Netz und wiederholen Sie Schritt 3, bis Sie den kompletten Stein im Netz eingeflochten haben.

6 Verknoten Sie am Ende alle Kordeln zu einem Knoten. Wenn Sie möchten, können Sie aus dem langen Ende der Schnur einen Zopf flechten, oder Sie lassen die Kordeln lose hängen.

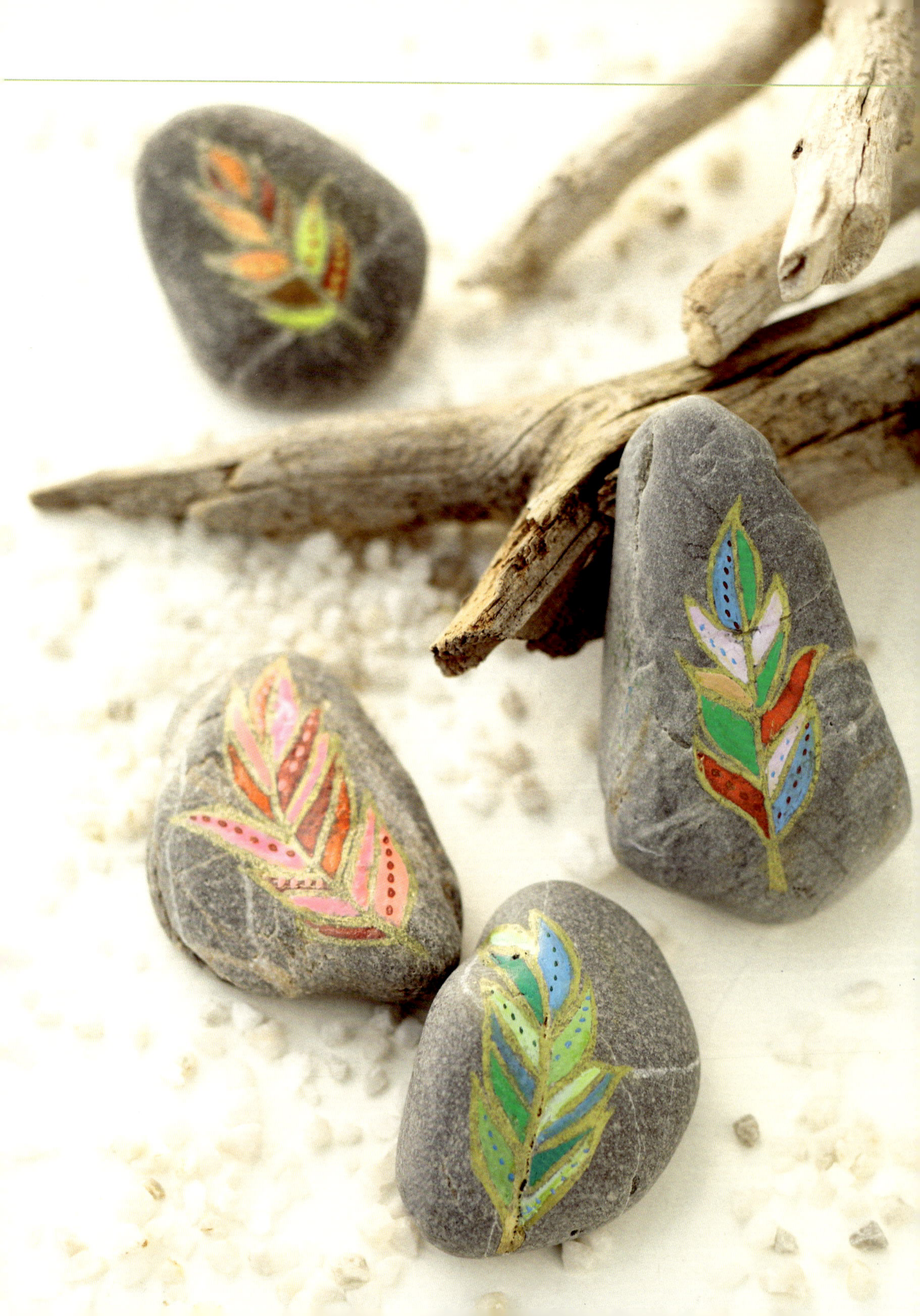

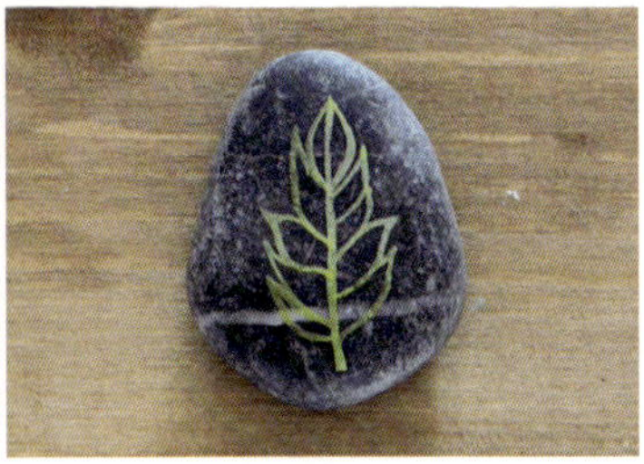

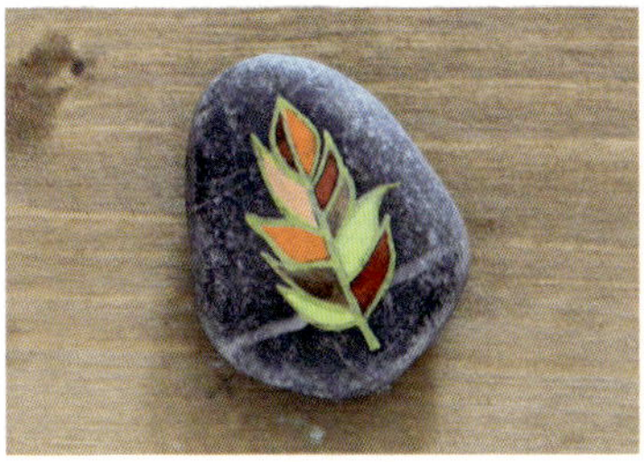

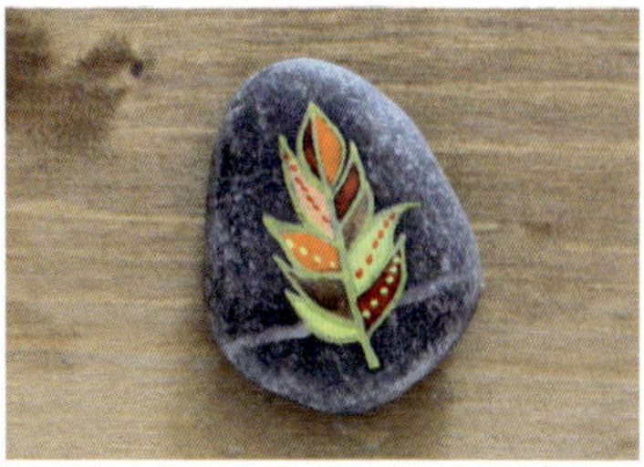

Bunte Hingucker

für farbenfrohe Akzente

MATERIAL

Acrylstifte in Weiß, Rot, Gelb, Orange, Grün und Gold

Steine

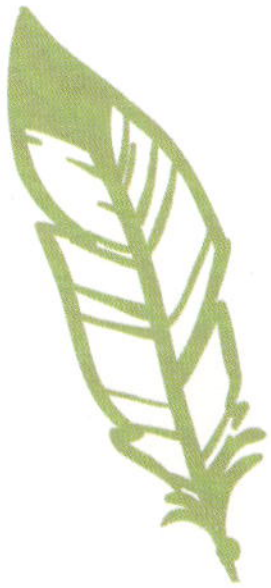

Für ein harmonisches Ergebnis sollten Sie sich vorher überlegen, in welchen Farbtönen die Federn bemalt werden sollen, warme oder kalte Farben, weiche oder kräftige?

1 Zeichnen Sie in Gold mit der schmalen Spitze eine gerade feine Linie in die Mitte des Steins.

2 Zeichnen Sie von oben nach unten blattförmige Elemente rechts und links der Mittellinie. Sie sollen nach unten hin immer größer werden. So ergibt sich die Form einer Feder.

3 Malen Sie die Flächen in verschiedenen Farben bunt aus.

4 Zeichnen Sie als letztes in drei bis vier Flächen feine gepunktete Linien ein.

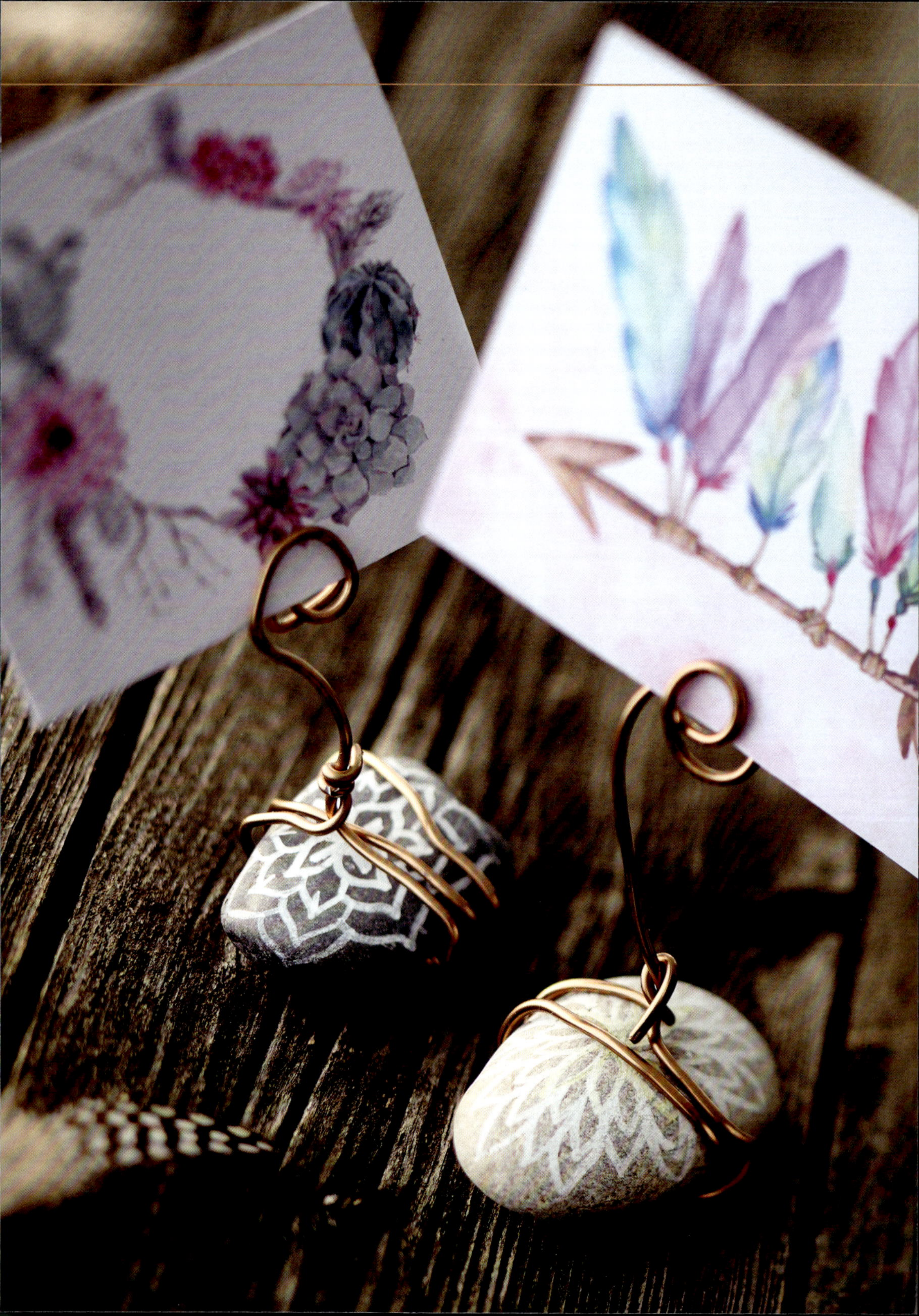

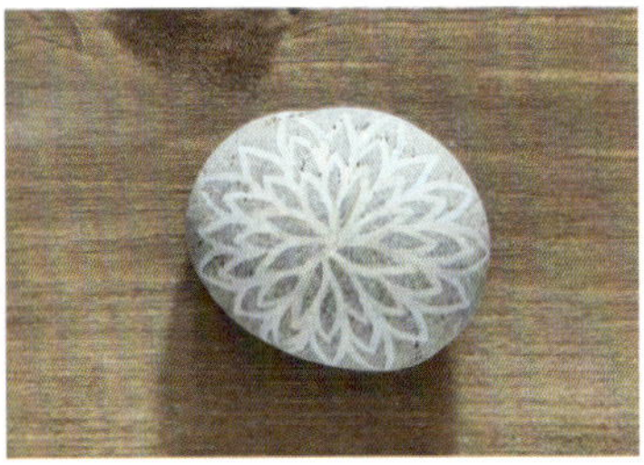

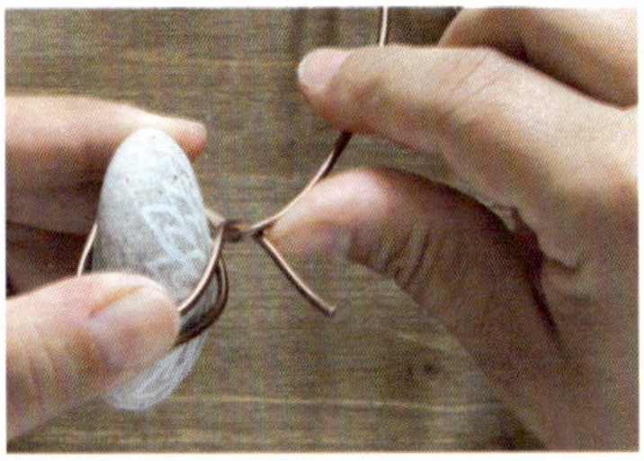

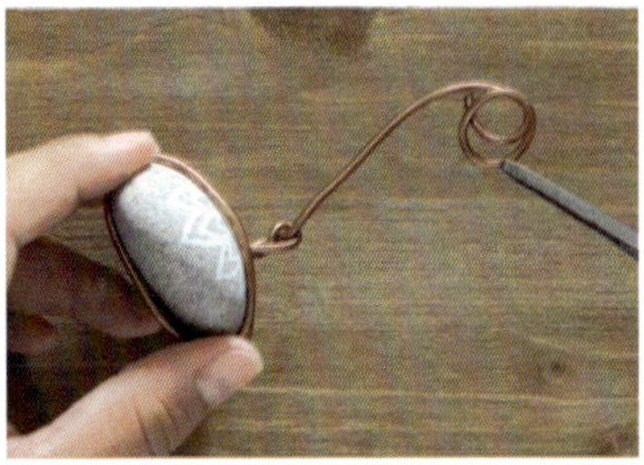

Verspielte Kartenhalter

schön und praktisch

MATERIAL

Aluminiumdraht in Kupfer, ca. 40 cm

Zange

Acrylstift in Weiß

Steine

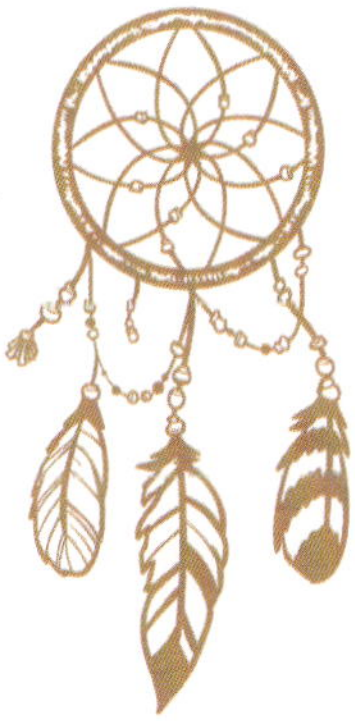

Ihre Erinnerungsfotos, Notizen oder Visitenkarten können Sie wunderbar in diese Kartenhalter stecken. Sie sind dekorativ und praktisch zugleich.

1 Zeichnen Sie mit der feinen Spitze des Stifts in der Mitte des Steins sternförmig spitze Blütenblätter. Zeichnen Sie weitere Blütenblätter in die Zwischenräume der vorherigen Reihen jeweils bis zum Rand des Steins.

2 Binden Sie den Aluminiumdraht zwei- bis dreimal um den Stein herum und verdrehen Sie das kurze Ende so, dass dieses fest verknotet ist.

3 Nehmen Sie nun das lange Ende des Drahts und verbiegen Sie das Ende zwei Mal zu einem Kreis. Achten Sie darauf, dass das Ende des Drahts nicht absteht.

4 Biegen Sie zum Schluss den Draht mit der Hand so zurecht, dass das lange Stück des Drahts gerade ist und der Stein stabil steht.

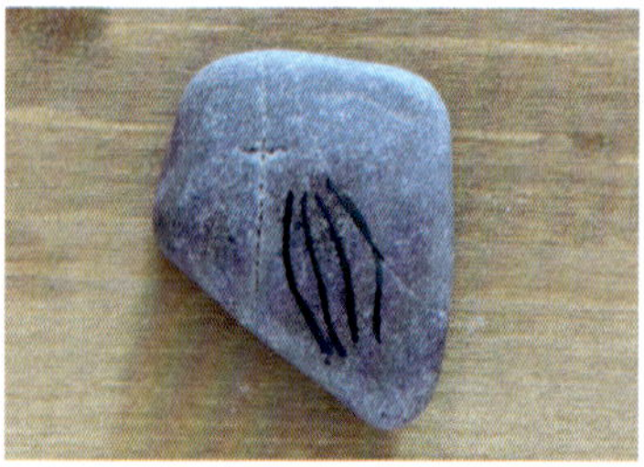 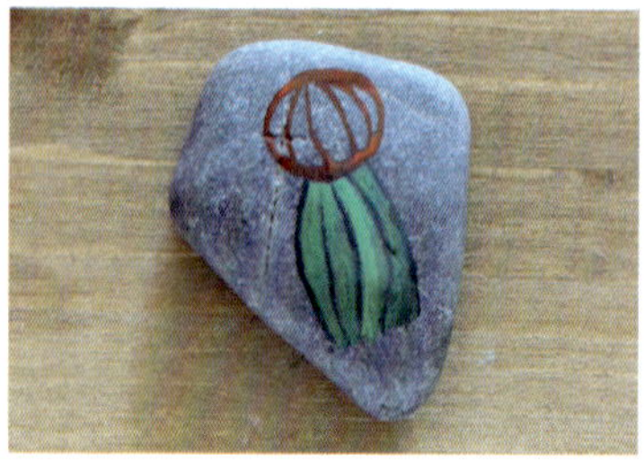 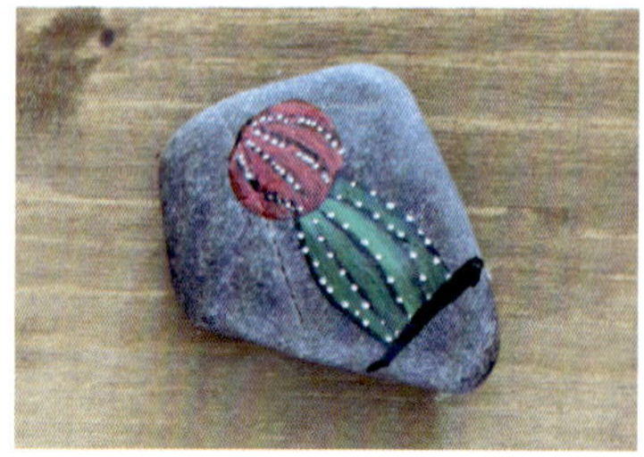

Bunte Kakteenwelt

ganz ohne Gießen

MATERIAL

Acrylstifte in Weiß, Rot, Dunkelrot, Grün, Dunkelgrün und Gelb

Steine

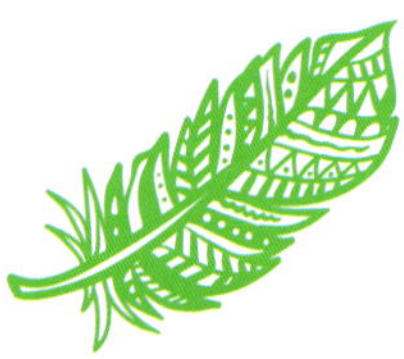

Es gibt unzählige Kakteen-Arten und jede ist schöner und einzigartiger als die andere. Nehmen Sie sich echte Kakteen oder Gartenzeitschriften als Inspiration zu Hilfe, mit denen Sie schnell und einfach Unikate kreieren.

1 Starten Sie mit der Silhouette des Kaktus. Benutzen Sie dazu einen dunkelgrünen Stift mit feiner Spitze.

2 Malen Sie die Silhouette des Kaktus mit einem helleren Grünton aus.

3 Zeichnen Sie die Umrisse der Blüte mit einem dunkelroten Stift und malen dann die Blüte mit einem helleren Rotton aus.

4 Mit einem dunkelgrünen Stift zeichnen Sie mit kleinen Punkten die Linien auf dem Kaktus nach. Achten Sie darauf, dass die Punkte sehr fein sind.

5 Mit einem weißen Stift zeichnen Sie nun neben den dunklen Punkten ein paar weiße Punkte ein.

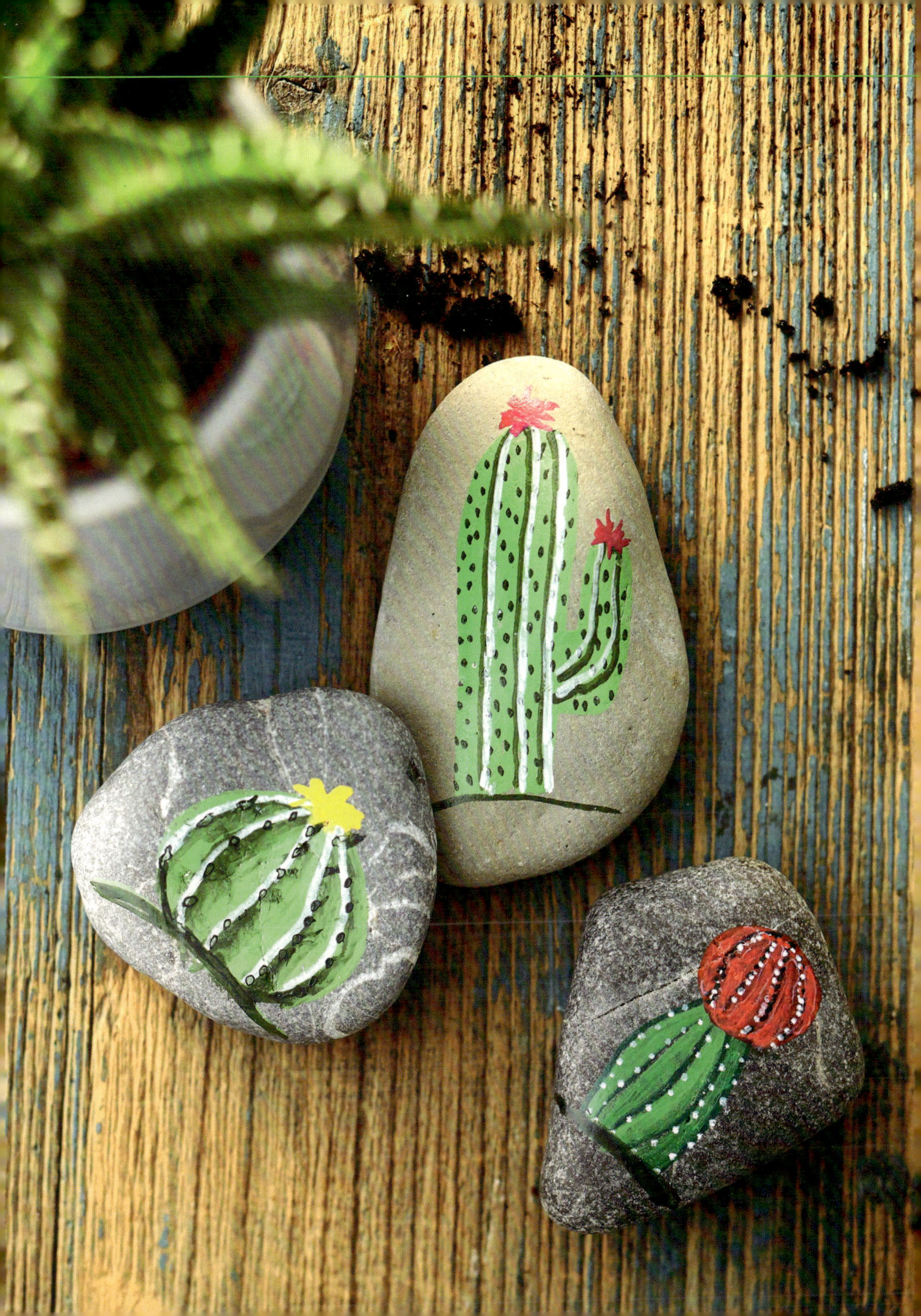

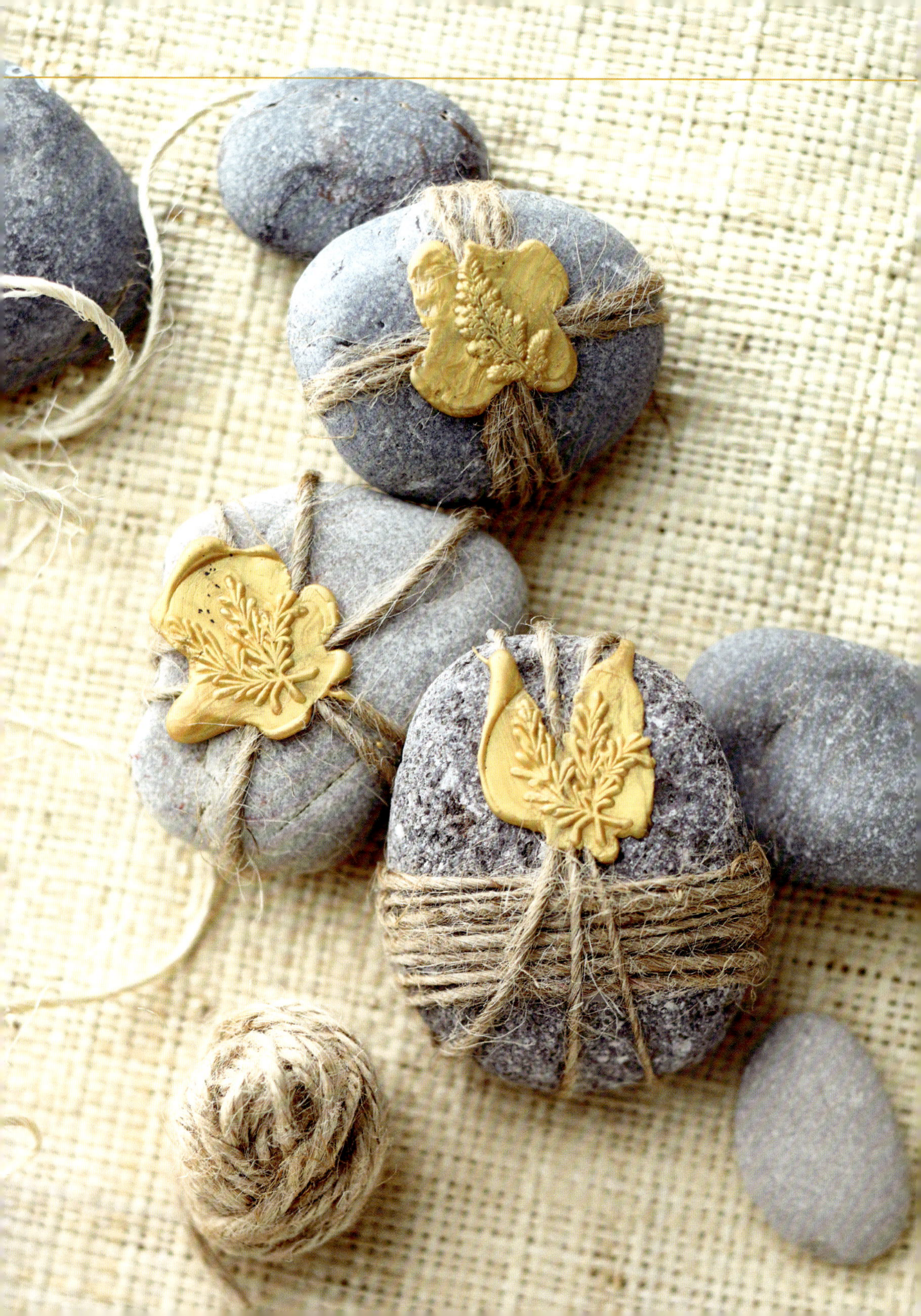

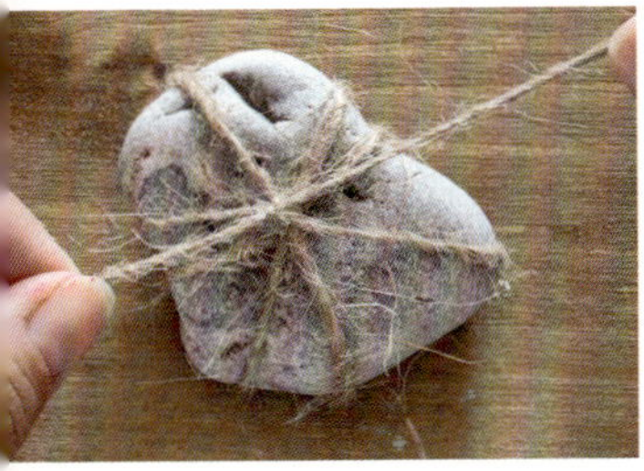 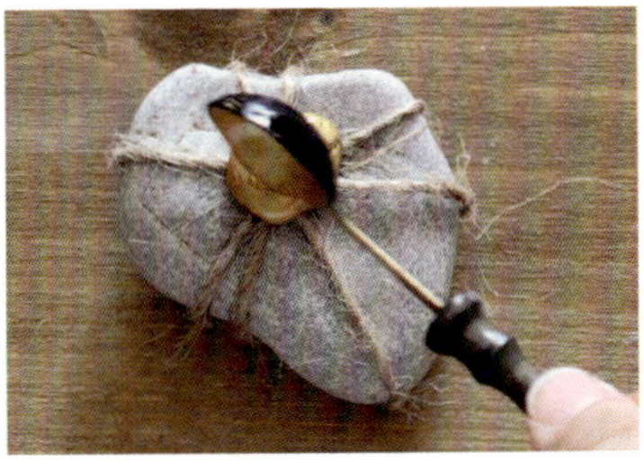 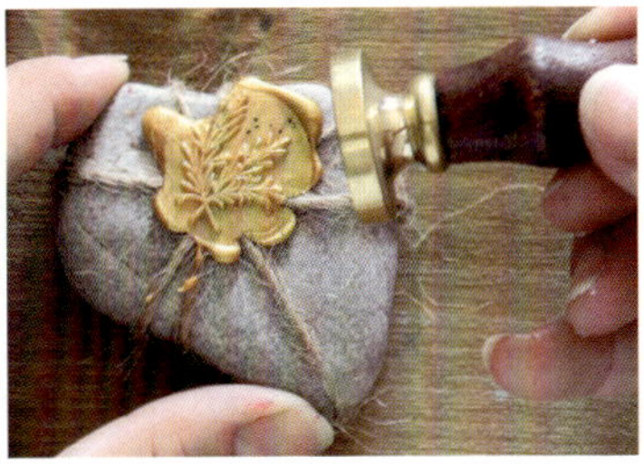

Goldstücke

fest versiegelt

MATERIAL

- Kordel
- Siegelwachs
- Siegelstempel
- Schmelzlöffel
- Kerze
- Schere
- Heißklebepistole (optional)
- Steine

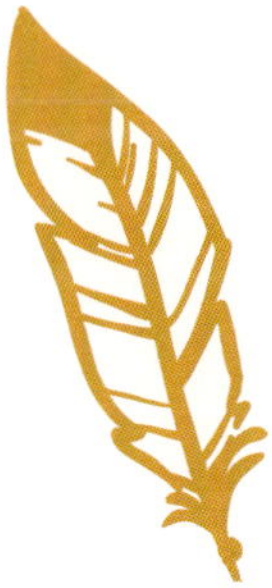

1 Nehmen Sie ein Stück Kordel und wickeln Sie den Stein ein. Sie können die Kordel sternenförmig verknoten oder von links nach recht einwickeln. Sollte der Stein zu glatt sein, können Sie die Kordel auf der Unterseite mit Heißkleber fixieren.

2 Schmelzen Sie nun ein Stück vom Siegelwachs im Schmelzlöffel.

3 Das flüssige Siegelwachs tropfen Sie an eine Stelle des Steins, wo die Kordel sich überkreuzt. Vorsicht: Dadurch, dass der Stein rund ist, kann das Wachs leicht an den Seiten weglaufen. Tropfen Sie deshalb das Wachs zügig auf die richtige Stelle.

4 Drücken Sie das Siegel fest auf das Wachs.

5 Warten Sie ca. 30 Sekunden bis das Wachs abgekühlt ist und entfernen Sie vorsichtig den Siegelstempel.

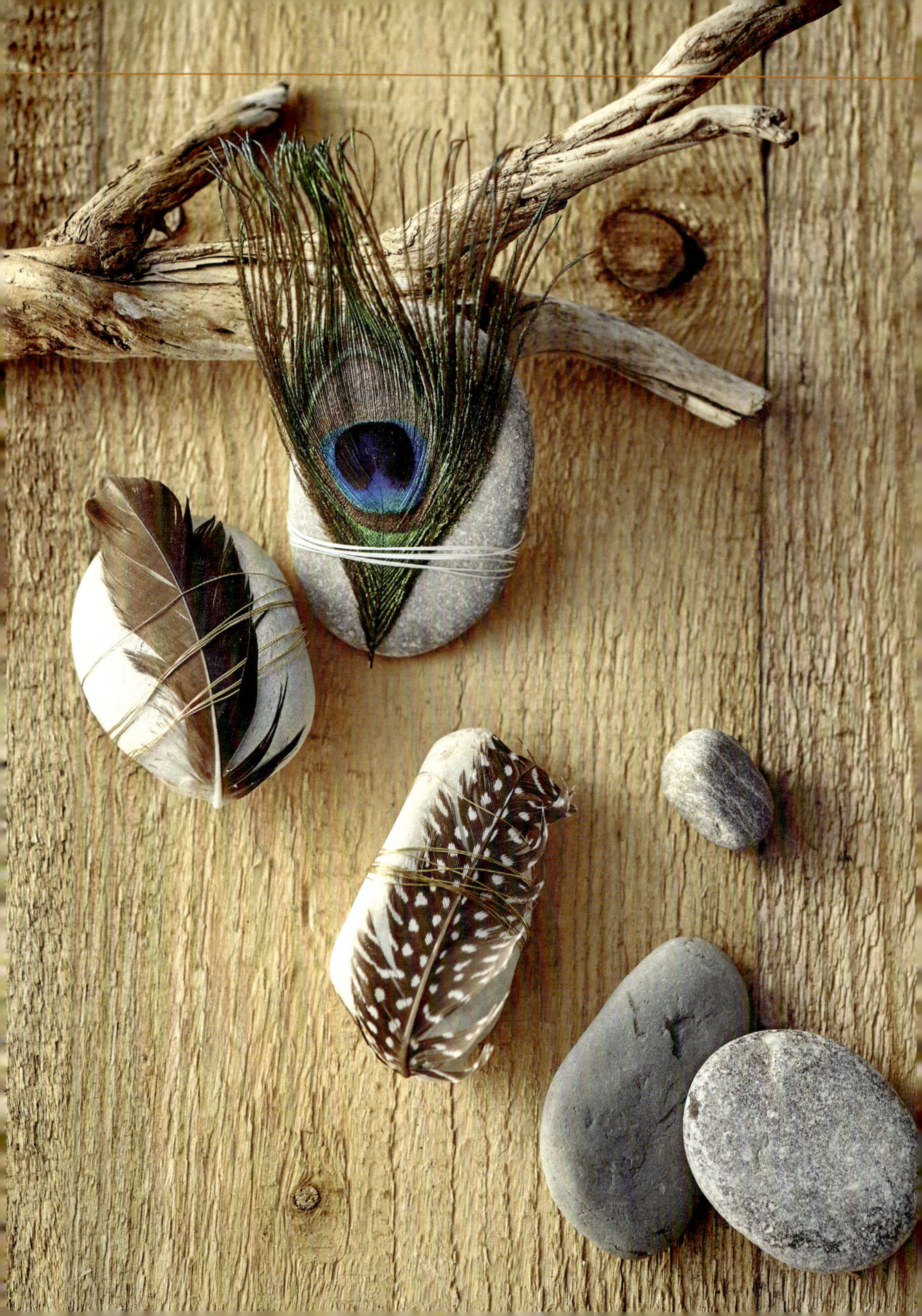

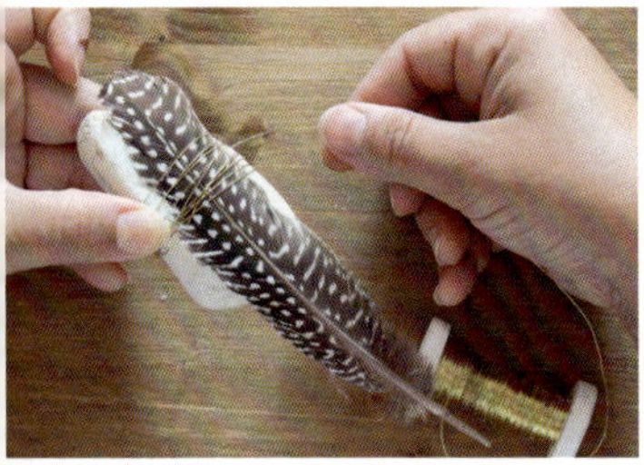

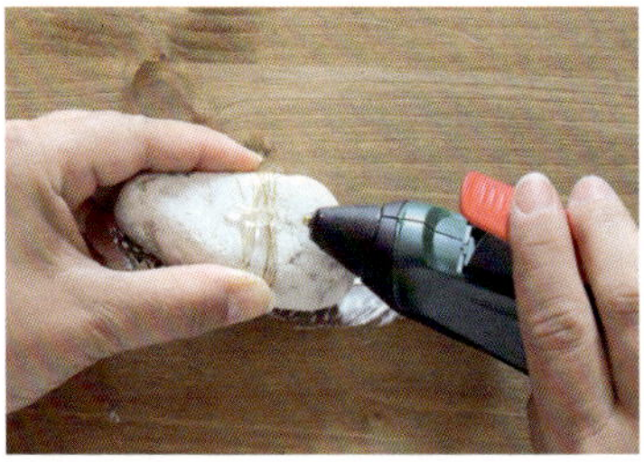

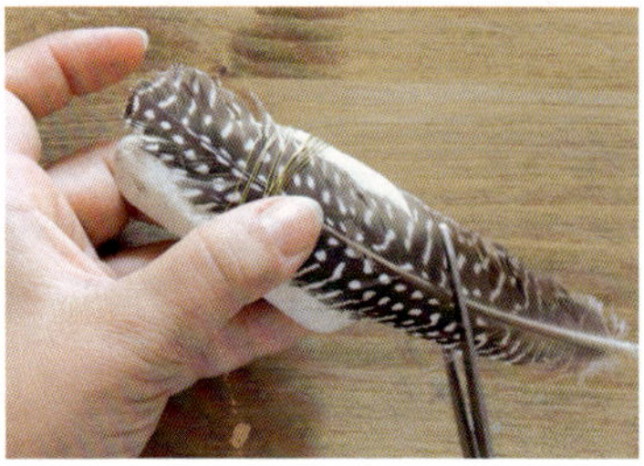

Federleicht

im Federkleid

MATERIAL

- Feder
- feiner Dekodraht in Gold und Silber
- Heißklebepistole
- Steine

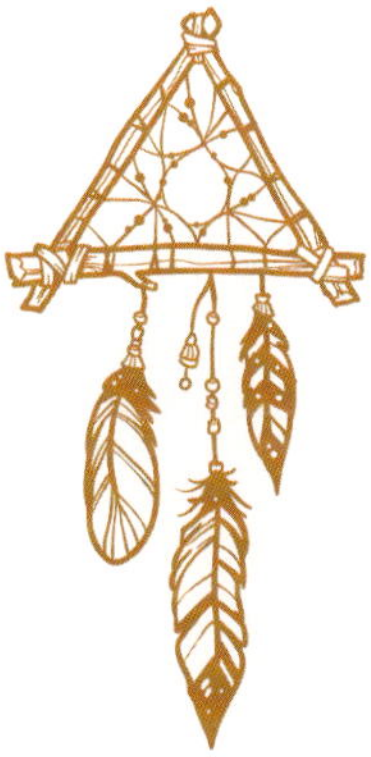

Stein und Feder, zwei Gegensätze, die perfekt miteinander harmonieren. Nicht umsonst sagt man, Gegensätze ziehen sich an.

1 Tropfen Sie etwas Heißkleber auf den Stein.

2 Kleben Sie nun vorsichtig eine Feder auf den Stein.

3 Binden Sie den goldenen Draht mehrmals um den Stein herum und fixieren Sie ihn mit Heißkleber.

4 Schneiden Sie gegebenenfalls ein Stück der Feder ab und zupfen Sie diese am Ende etwas auseinander, damit sie natürlicher aussieht.

5 Sollte die Feder noch zu sehr abstehen, können Sie diese nochmals mit etwas Heißkleber fixieren.

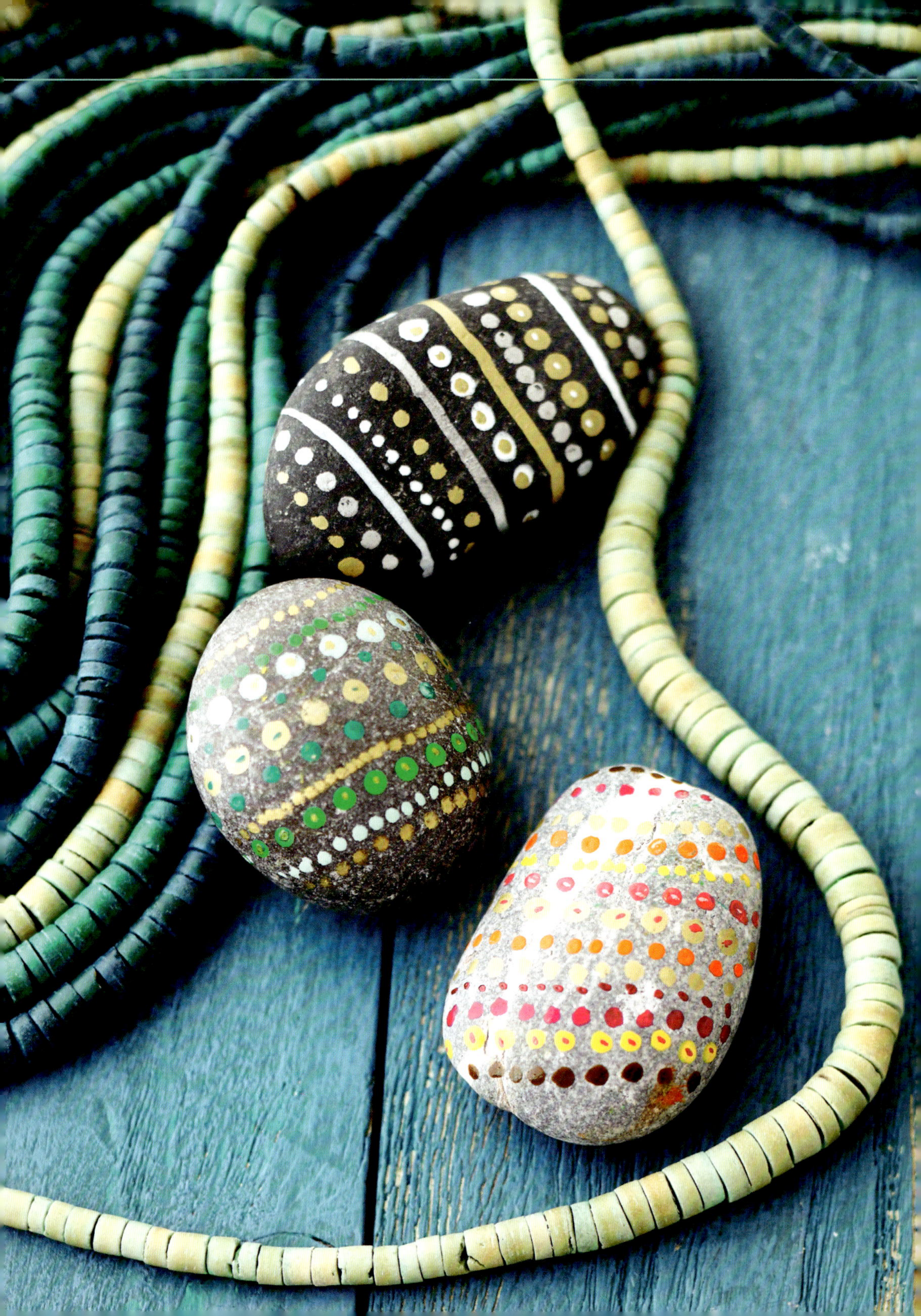

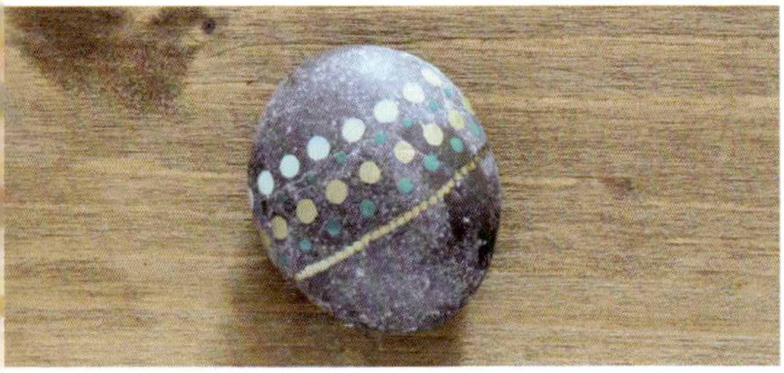

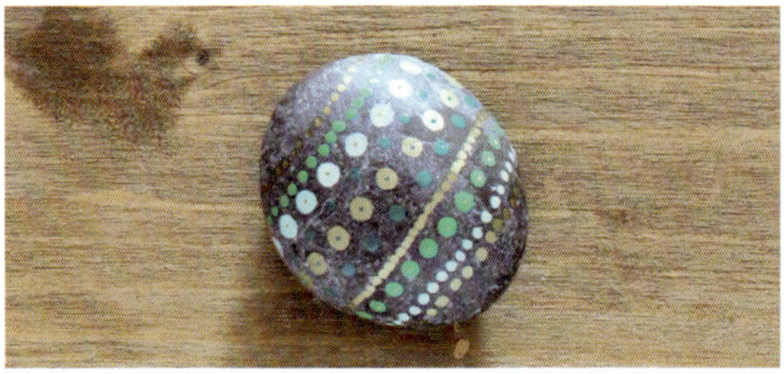

Bunte Punktespielerei

in tausend Farben

MATERIAL

Acrylstifte in Weiß, Rot, Orange, Gelb, Grün, Türkis und Gold

Steine

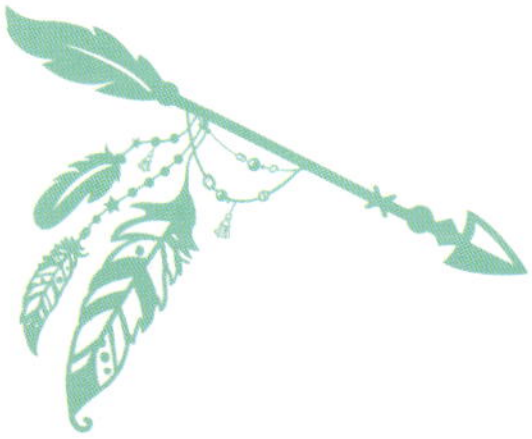

Bunte Punkte in einer bestimmten Reihenfolge angeordnet sehen dekorativ aus und bieten unzählige Möglichkeiten die Steine zu gestalten.

1 Die großen Punkte zeichnen Sie mit der breiten Spitze und die kleinen mit der feinen Spitze der Stifte. Fangen Sie in der Mitte des Steins an.

2 Setzen Sie mit einem kleinen Abstand Punkt neben Punkt von Rand zu Rand. Die Punkte sollten eine gerade Linie ergeben.

3 Die nächsten gepunkteten Linien werden versetzt gezeichnet.

4 Malen Sie so viele verschiedene Linien bis Sie am Rand des Steins ankommen und der ganze Stein gestaltet ist.

5 Wechseln Sie immer zwischen Linien mit großen Punkten und Linien mit kleinen Punkten. Sie können zwischen die Punkte auch normale Linien zeichnen, um noch mehr Abwechslung zu schaffen.

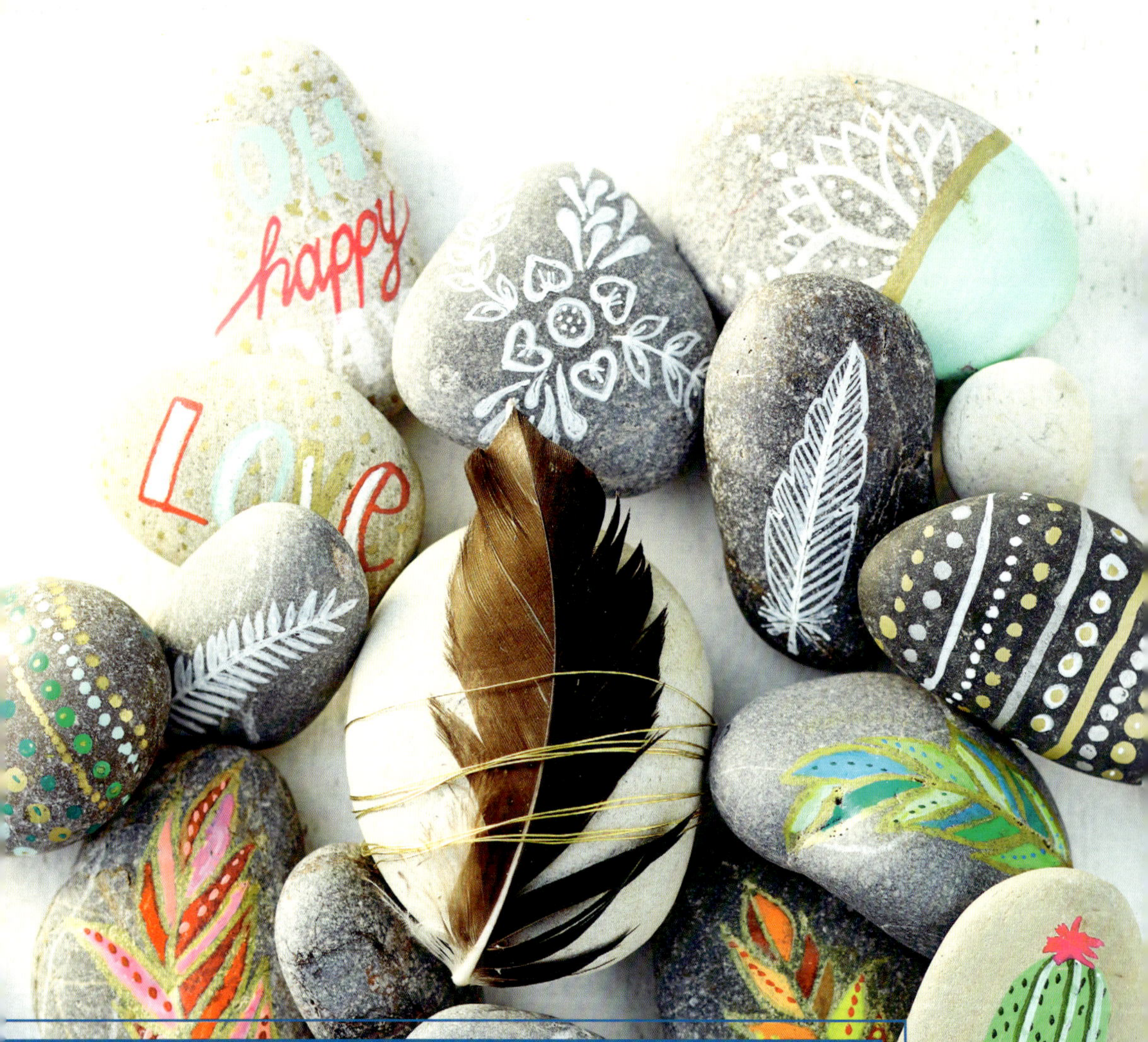

Steine bemalen, verstecken und Freude schenken liegt voll im Trend.

Überall finden sich Menschen zusammen, die eine neue Bewegung für sich entdeckt haben – Steine verstecken. Steine werden liebevoll bemalt und verziert und an allen möglichen Orten versteckt. Ob auf Parkbänken, auf Waldwegen oder an der nächsten Bushaltestelle – überall warten kleine Schätze darauf, fremden Menschen ein Lächeln aufs Gesicht zu zaubern. Mitnehmen erwünscht!

In diesem Buch finden Sie tolle Inspirationen zum Mitmachen und wer weiß, vielleicht entdecken Sie beim Verstecken sogar selbst das ein oder andere Kunstwerk.

Viel Spaß beim Freude schenken!

Gerade voll im Trend:

Steine bemalen, verstecken und Freude bereiten.

Mach mit!

Buchempfehlungen für Sie

Noch mehr kreative Bücher zum gleichen Thema gesucht?

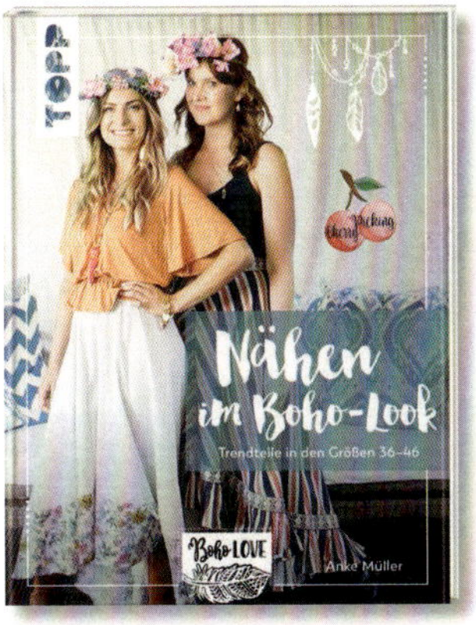

ISBN 978-3-7724-8174-1

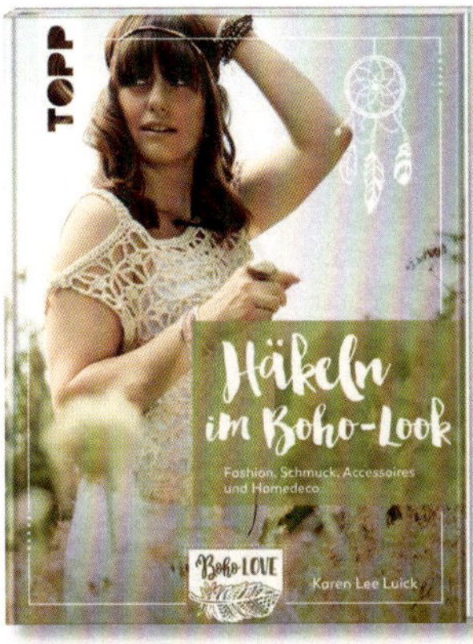

ISBN 978-3-7724-4817-1

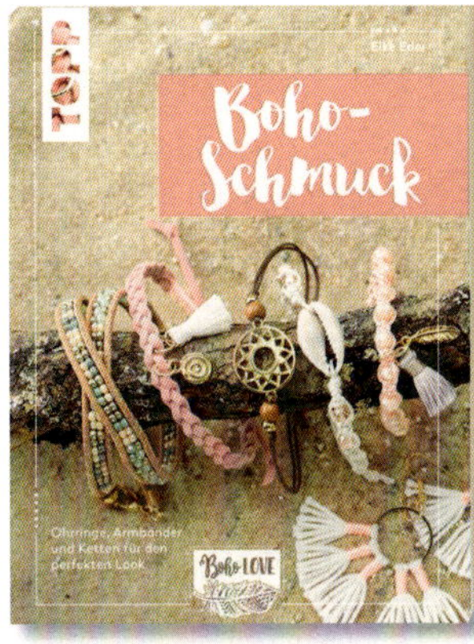

ISBN 978-3-7724-4368-8

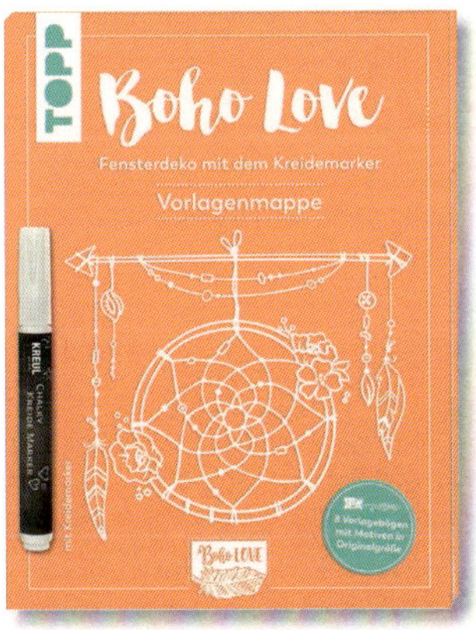

ISBN 978-3-7724-7176-6

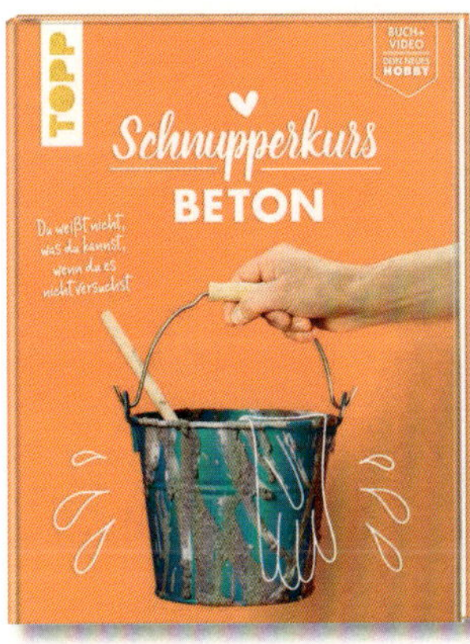

ISBN 978-3-7724-5089-1

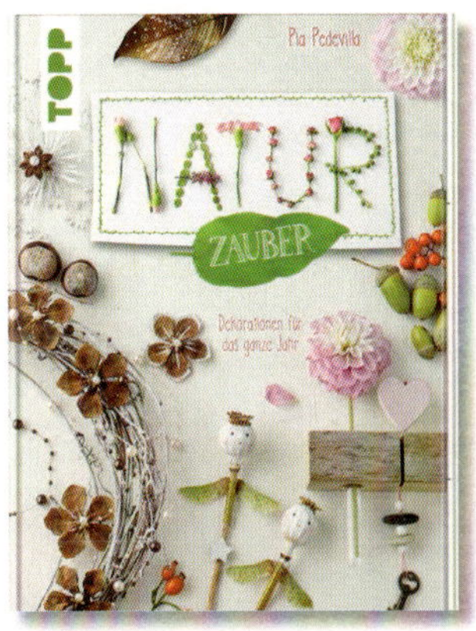

ISBN 978-3-7724-5000-6

Noch mehr Kreativ-Bücher finden Sie auf www.TOPP-kreativ.de

Immer informiert, immer inspiriert – die ganze Welt von TOPP auch im Netz

Webseite

Die neuesten Trends, die schönsten Kreativbücher und die aktuellsten Informationen auf unserer Webseite
Schauen Sie mal vorbei und stöbern Sie in unserem riesigen Angebot von mehr als 1000 Kreativbüchern, Sets und mehr:

www.TOPP-kreativ.de

Newsletter

Bunt, überraschend und immer aktuell – immer auf dem Laufenden mit unserem Newsletter
Noch heute anmelden und regelmäßig Informationen, Tipps und Neuheiten erhalten:

www.TOPP-kreativ.de/Newsletter

Digitale Bibliothek

Tutorial-Videos, Plotter-Dateien, Vorlagen zum Ausdrucken, Übungsblätter etc.
Zu vielen TOPP-Büchern gibt es digitale Extras. Schauen Sie im Impressum nach (die letzte Seite des Buches): Wenn dort ein Freischaltcode abgedruckt ist, dann besuchen Sie die Digitale Bibliothek auf unserer Webseite, registrieren Sie sich einmalig und schalten Sie Ihre Zusatzmaterialien frei:

www.TOPP-kreativ.de/DigiBib

Facebook

Werden Sie Teil unserer Communitys Mitstrickzentrale fürs Handarbeiten und Bastelzentrale für die Themen Basteln, Bauen, Dekorieren & DIY. Sie finden uns unter:

www.facebook.com/Mitstrickzentrale
www.facebook.com/Bastelzentrale

Instagram

Live dabei mit ständig aktuellen News aus dem frechverlag
Wollen Sie wissen, was bei uns gerade passiert und woran wir arbeiten? Dann folgen Sie uns auf Instagram. Möchten Sie uns an Ihren Kreativprojekten teilhaben lassen?Dann posten Sie doch gleich ein Foto mit dem Hashtag **#frechverlag** und wir stellen Ihr Werk gerne der Community vor:

www.Instagram.com/frechverlag

Pinterest

Neue Bücher, neue Ideen und die Menschen, die sie machen
Sie sind auf der Jagd nach den neuesten Ideen und aktuellen Trends im DIY-Bereich? All das gibt es auf den Pinnwänden des frechverlags unter:

www.Pinterest.com/frechverlag

Youtube

Ein Video sagt oft mehr als tausend Worte
Sie möchten neue Techniken ausprobieren, Autoren kennenlernen oder einmal hinter die Kulissen unserer Buchproduktionen schauen? Dann abonnieren Sie den Kanal des frechverlags unter:
www.YouTube.com/Frechverlag

Wer wir sind, wie wir arbeiten, was wir lieben ...

Folgen Sie uns auf Instagram, Facebook und Pinterest, um mehr über uns und unsere Arbeit zu erfahren und immer mit den neuesten Informationen versorgt zu sein.

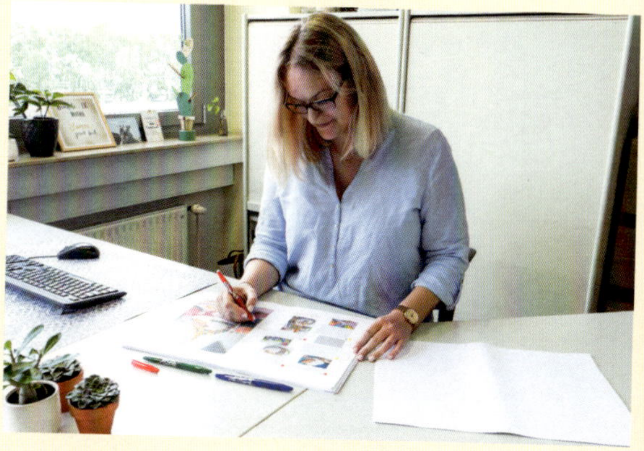

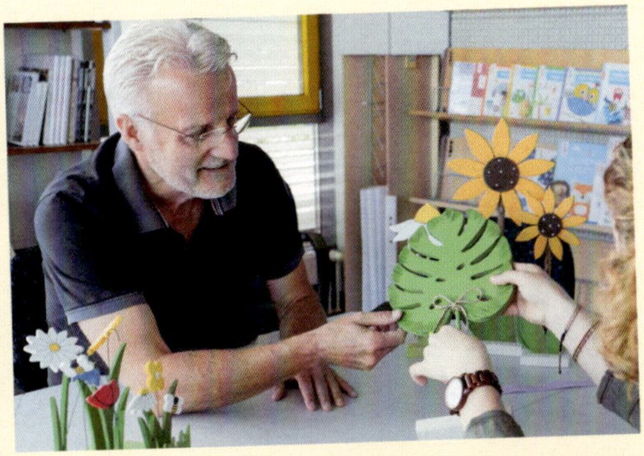

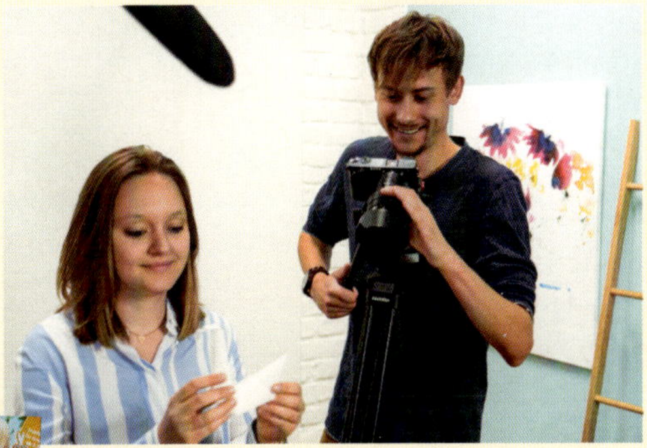

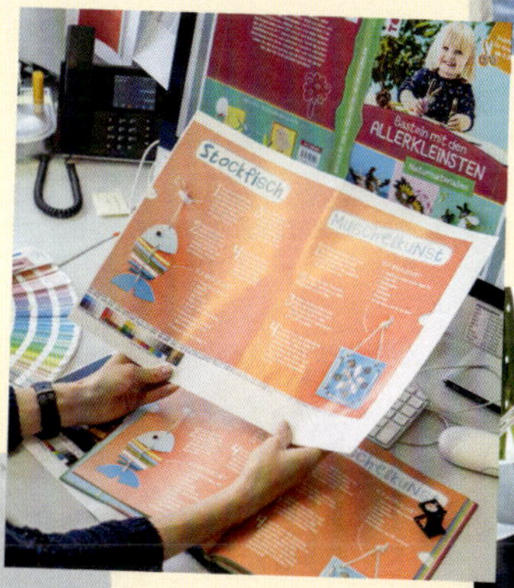

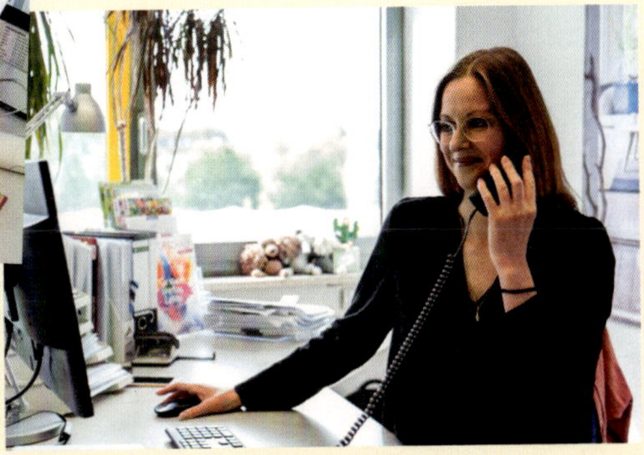

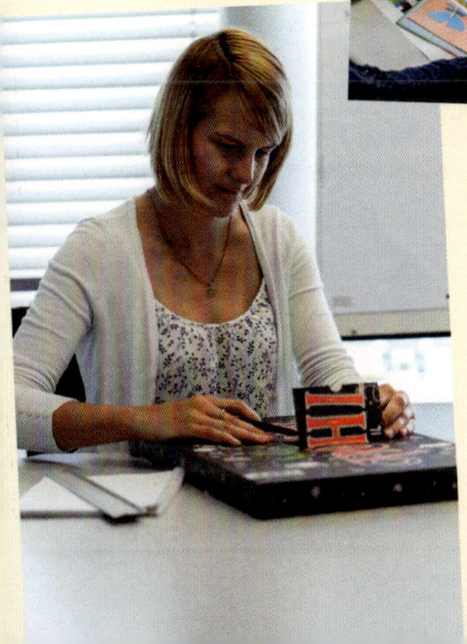

Alle News, alle Infos und alle Links finden Sie auf www.TOPP-kreativ.de

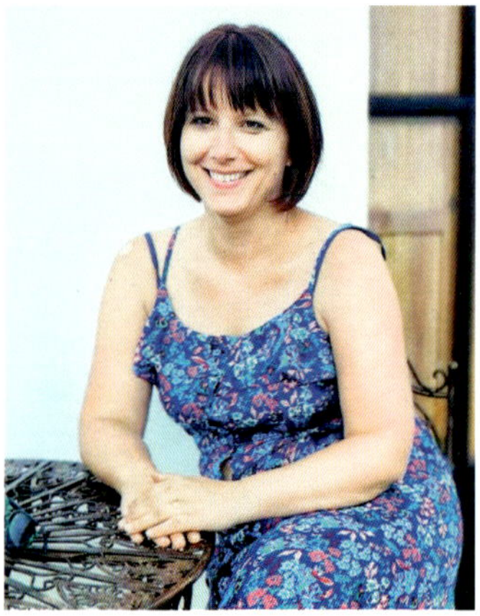

Anna Ambrosiewicz ist Grafikdesignerin und Hochzeitsplanerin für Strandhochzeiten in Spanien. Sie entwirft mediterrane Boho Dekokonzepte und unterstützt Bräute bei der Gestaltung ihrer DIY Hochzeit mit zahlreichen Video-Tutorials, Schritt-für-Schritt-Anleitungen und Inspirationen für die Dekoration.

TOPP – Unsere Servicegarantie

WIR SIND FÜR SIE DA! Bei Fragen zu unserem umfangreichen Programm oder Anregungen freuen wir uns über Ihren Anruf oder Ihre Post. Loben Sie uns, aber scheuen Sie sich auch nicht, Ihre Kritik mitzuteilen – sie hilft uns, ständig besser zu werden.

Bei Fragen zu einzelnen Materialien oder Techniken wenden Sie sich bitte an unseren Kreativservice, Frau Erika Noll.

mail@kreativ-service.info
Telefon 0 50 52 / 91 18 58

Das Produktmanagement erreichen Sie unter:

pm@frechverlag.de
oder:
frechverlag
Produktmanagement
Turbinenstraße 7
70499 Stuttgart
Telefon 07 11 / 8 30 86 68

LERNEN SIE UNS BESSER KENNEN! Fragen Sie Ihren Hobbyfach- oder Buchhändler nach unserem kostenlosen Magazin **Meine kreative Welt**. Darin entdecken Sie zweimal im Jahr die neuesten Kreativtrends und interessantesten Buchneuheiten.

Oder besuchen Sie uns im Internet! Unter **www.topp-kreativ.de** können Sie sich über unser umfangreiches Buchprogramm informieren, unsere Autoren kennenlernen sowie aktuelle Highlights und neue Kreativtechniken entdecken, kurz – die ganze Welt der Kreativität.

Kreativ immer up to date sind Sie mit unserem monatlichen **Newsletter** mit den aktuellsten News aus dem frechverlag, Gratis-Bastelanleitungen und attraktiven Gewinnspielen.

IMPRESSUM

MODELLE: Anna Ambrosiewicz

FOTOS: frechverlag GmbH, 70499 Stuttgart; lichtpunkt, Michael Ruder, Stuttgart; Schrittfotos: Anna Ambrosiewicz

PRODUKTMANAGEMENT UND LEKTORAT: Tanja Kasten

GESTALTUNG: Fotosatz H. Buck

5. Auflage 2022

ISBN 978-3-7724-4366-4 • Best.-Nr. 4366